作文指导报 中小学读写指

作文与指导

冰心题

振涛同志：

昨天你们三位来，正好有人给我照相，未得相见，为歉。嘱题的字已写好，我以为难者，题句为文难，是要分清，即请

教安

冰心

“文坛祖母”冰心老人多次亲切会见《作文指导报》编辑，并为本报题写报头、书名。

世纪哲人冯友兰为《作文指导报》题词：“言之无文，行而不远；修辞立其诚。”本报还设立了“冯友兰奖学金”，用于奖励品学兼优的中学生。

作文指导报
第1辑

有个学霸叫康熙

主　编：李　萌

副主编：郭新印

编　委：马慧珍　周录恒　刘斌霞　刘君杰　张传权
张定勇　崔矿山　孙　超　程必荣　贺留堂

北京理工大学出版社
BEIJING INSTITUTE OF TECHNOLOGY PRESS

图书在版编目（CIP）数据

有个学霸叫康熙／李萌主编. —北京：北京理工大学出版社，2017. 1（2017. 10 重印）

（作文指导报）

ISBN 978 - 7 - 5682 - 3422 - 1

Ⅰ. ①有…　Ⅱ. ①李…　Ⅲ. ①小学语文课－课外读物　Ⅳ. ①G624.203

中国版本图书馆CIP数据核字（2016）第294850号

出版发行／北京理工大学出版社有限责任公司

社　　址／北京市海淀区中关村南大街5号

邮　　编／100081

电　　话／（010）68914775（总编室）

（010）82562903（教材售后服务热线）

（010）68948351（其他图书服务热线）

网　　址／http: //www. bitpress. com. cn

经　　销／全国各地新华书店

印　　刷／北京市兆成印刷有限责任公司

开　　本／710毫米×1000毫米　1/16

印　　张／8

彩　　插／1

字　　数／94千字

版　　次／2017年1月第1版　2017年10月第5次印刷

定　　价／19.80元

责任编辑／刘汉华

文案编辑／刘汉华

责任校对／周瑞红

责任印制／马振武

小学生丁丁的神奇阅读周计划

可爱的小学生丁丁是《作文指导报》忠实的小读者，他从一年级就开始订阅报纸，一看起报纸来就爱不释手，连最让他着迷的动画片都顾不上看了。这份报纸的吸引力怎么这么大呢?

事情是这样的，丁丁曾经因为语文成绩不理想，经常闷闷不乐。一天，他正嘟着嘴巴在书桌前发呆，突然脑海中冒出来一个想法——给《作文指导报》的编辑姐姐写信求助。在信中，丁丁诉说了自己在语文学习上的苦恼，并征求编辑姐姐的建议。

不久，编辑姐姐就回信了，这让丁丁开心极了。更让他开心的是，编辑姐姐为他制订了一份丰富而有趣的阅读周计划，来帮助他提高语文成绩。经过几周的阅读，丁丁发现，语文原来是一座五彩缤纷的百花园，漫步其中，让他流连忘返。要说他的语文成绩，当然是突飞猛进啦!

小朋友，丁丁语文学习大进步，阅读周计划功不可没。这份阅读周计划的“魔力”究竟在什么地方呢? 让我们一起来看一看吧!

我也可以是天才

最近，丁丁在来信中说，如果他能像班里的“小天才”一样天生聪颖，自己的学习成绩就不会像现在这么糟糕了。

天赋果真如此重要吗？我给丁丁讲了一个小故事：

19世纪德国有一位著名的天才，他的名字叫卡尔·威特。他八九岁时就能自由使用德语、法语、意大利语等六国语言，并且通晓物理学、化学，尤其擅长数学。他9岁时便考入莱比锡大学，年仅14岁就被授予哲学博士学位，16岁获得法学博士学位，并被任命为柏林大学的法学教授。听到这里，你一定认为卡尔·威特之所以取得如此惊人的成就，是因为天赋高。事实上，恰恰相反，他出生后被认为是个有些痴呆的孩子，可他的父亲并没有因此失望。在父亲的教育下，小威特逐渐对学习产生了浓厚的兴趣，思维能力也日渐提高，并且养成了良好的学习习惯。不久，这个“笨小孩”就轰动了全国。

卡尔·威特的成长故事告诉我们：学习能力远比天赋重要得多。不过，拥有强大的学习力可不是一件容易的事，你首先要把懒惰、拖拉等“小怪兽”通通赶走，然后迎来激发兴趣、管理时间、自主自制、树立目标、独立思考等“好伙伴”。我为丁丁制订了一份有趣又有料的阅读周计划，内容都与提升学习力有关，希望丁丁能够从中受益，找到比天赋更为重要的东西。

加油吧！孩子们，只要你们相信自己是天才，就一定会成为天才！

目录

第1章

激发兴趣 从调皮鬼变成小书迷

第2章

时间管理 谁偷走了我的时间

第3章

学会自制 都是冰淇淋惹的祸

第4章

打破常规 大海不都是蓝色的

第5章

树立榜样

有个学霸叫康熙

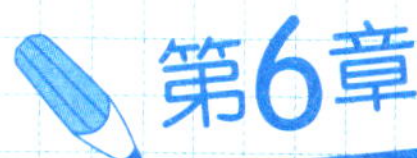

第6章

保持谦虚

爱吹牛的白鹅

第7章

确定目标

你想要一座什么样的房子

第8章

独立思考

小刺猬找食物

精彩有趣的阅读大会
就要开始了，
快跟我一起去参加吧！

第1章

★ 激发兴趣 ★

从调皮鬼变成小书迷

书是一个魔法师，它把阳光洒进我的心里，让我不再怕黑！它还为我的梦想插上了翅膀，让我自由飞翔……

密集恐惧症

丁丁跟同学在讨论武侠剧。
你们知道吗？××疯了。

怎么回事？
他打败少林高僧，进入藏经阁后就疯了。

什么？
藏经阁里全是武功秘籍，而他恰恰有密集（秘籍）恐惧症！

我又不是过街老鼠，你们为什么要追着我打？

八戒的小秘密

贺婷

新学期开学后，八戒读书写字比以前用心多了，师兄和师弟们已经有很长时间没有叫他“错别字大王”了。每次上识字课，他都会提前预习，课后也做足功课，生怕再在大家面前丢脸。

一天，吃过晚饭，师徒们在院子里乘凉，八戒却把自己关在屋里，一笔一画地写新学的字。

“八戒师兄，今晚月色这么美，大家都在院子里纳凉，你怎么一个人待在屋子里呀！”一个师弟趴在窗台上喊。

“我把师父刚教的字写了一遍，现在正在检查呢。”

“‘启蒙’的‘蒙’字，秃宝盖下面是两横，你怎么只写一横呀！”小师弟火眼金睛，一眼就看到了错字。

一听说有错字，八戒立刻呆住了，不敢相信地说：“我很认真的，怎么会写错？”他趴在课本上看了又看，又翻开字典查了查，果然“蒙”字秃宝盖下面是两横。

“俺老猪知错了，求小师弟别喊出声来。”八戒羞红了脸。

小师弟立刻压低了声音，耐心地讲解道：“‘蒙’和‘豪’两个字下面有区别。‘豪’字下面是‘豕’，‘豕’指的是猪。‘豪’其实指的就是凶猛的猪。”

“我明白了。怪不得刚才我查‘豪’字的时候，得查‘豕’部。而查‘蒙’字，必须查草字头。”八戒恍然大悟。

他赶忙给小师弟施礼道：“谢谢师弟赐教！”

小师弟朝八戒挥了挥手，说：“走，到院子里赏月去！大家都等着你呢！”

“你先答应师兄我一件事，等会儿到院子里，千万别把我‘蒙’字写错的丑事泄露出去，不然师父还不揍我一耙子。”八戒凑到小师弟耳边小声说。

小师弟点点头，咯咯地笑出声来。

还在秦朝

历史课上，阿炳老师发现一个男生正望着窗外走神。阿炳老师走到男生身旁，看到他的历史书翻在秦朝那一页。

阿炳老师问他：“课讲到哪儿啦？”

男生站起来心虚地回答：“秦朝。”

阿炳老师说：“这位同学，五分钟前秦朝已经灭亡了，十分钟前秦始皇已经死了。你还待在秦朝干什么？”

毛遂自荐

佚名

战国时，秦国派重兵攻打赵国，很快就包围了赵国的国都邯郸。平原君受命出使楚国，请求援兵。在他出发之际，有一个叫毛遂的门客说：“我愿意陪您前往。”

平原君对毛遂没有什么印象，便问他：“先生来我家几年了？”毛遂说已经三年了。平原君就说：“您来我家的时间不算短了，可是我根本没有听说过您。”毛遂说：“我是没有机会让您了解呀！”

平原君觉得毛遂的话有一定的道理，便同意带他去楚国。

到了楚国后，平原君请求楚王出兵救助赵国，说了一上午，可是楚王仍犹豫不决。这时，毛遂突然从平原君身后站出来，走到楚王面前。他一手提着剑，一手拉着楚王的衣服，慷慨激昂地说：“堂堂楚国，在秦国面前竟如此胆怯。秦将白起只率几万军队，一战就攻到了你们的国都，再战就烧掉您的祖坟，是何等耻辱！赵国都为楚国咬牙切齿，大王您却不思报仇雪恨。老实说，楚赵联合抗秦也是为了楚国着想啊！”

楚王被毛遂的勇气和言论所折服，遂与平原君歃血为盟，联合抗秦。

平原君称赞毛遂说：“您的三寸不烂之舌胜过百万雄兵啊！”

同学们，这就是成语“毛遂自荐”的由来，借指自己推荐自己。

窗外的精灵

金建华

教室窗外的那棵树上，住着一个精灵，名叫多米。这是一个秘密，只有在这所学校里读书的孩子们知道。他们不想把这个秘密告诉大人，是怕多米被赶走。要知道，所有的孩子都爱跟精灵交朋友，这是真的！

有一天，在孩子们上课的时候，多米悄悄地从树叶中探出头来，向教室里张望。时间过得好慢呀，怎么还不下课？孩子们怕多米等得着急，都忍不住向窗外看。

这一举动被老师察觉了，他生气地说：“放学后谁也不准回家，留在教室里写检查！”孩子们沮丧极了……

为了让多米知道这件“不幸”的事，一个名叫古巴的男孩儿偷偷折了一架纸飞机，把老师的话写在上面，然后用力扔向窗外。

多米伸手接住纸飞机的瞬间，正巧被老师看见了。

“谁？快下来！”他以为是哪个调皮的学生呢。

见树上又没动静了，老师跑出去仔细查看，可什么都没找到。“怪事啊！”老师嘀咕着回到教室，数数他的学生，一个不多，一个不少。孩子们吓得一动不动，他们是害怕秘密被老师发现呀！

“这是怎么回事？谁能告诉我？”沉默了一会儿后，老师终于开口说话了。每一个孩子都把嘴巴闭得紧紧的，大家都在想：老师休想从他们嘴里听到关于多米的半个字。

可是，老师接下来说的话把大家吓坏了——“要是你们打定主意不说出这个秘密，我就去找校长，请他同意砍掉窗外的那棵树”。

“那可不行！这树是多米的家呀！”孩子们急得快要哭了。这时，古巴站了出来，对老师说：“老师，要是我告诉了您，您得保证不砍那棵树！”

“好吧。”

“一言为定？”

“一言为定！”

于是，在大家的注视下，古巴把多米的事讲给老师听。

“这是真的吗？树上住着精灵？”

“真的！”

“我不相信！”

老师不相信，孩子们只好叫多米现身了。多米站在树上向老师招手，它看上去是那么可爱。

“小家伙，以后你想不想跟大家一起读书学习呀？”老师笑着问多米。

“想啊！”多米说着，一个跟斗翻进教室，落在了讲台上。孩子们兴奋极了，不停地拍手叫好。

这之后，多米就成了一名真正的学生。精灵毕竟是精灵，学什么都快，孩子们可不想认输，一个个憋足了劲儿拼命学。大家的学习成绩就像坐直升机，不断提高。老师的心里呀，乐开了花。

特别好玩儿的是其他学校的一些孩子，当他们听说了多米的故事后，都围着自己学校里的树看个不停。嘻嘻，每一个孩子都希望在学校里找到精灵呢！

从调皮鬼变成小书迷（节选）

叶辛

随着日子的过去，书越读越多，差不多已经脱离了顽童行列的我，开始变得好幻想起来了。

在儿童时代的这一时期，我做过多少幻想的梦啊。读了描写天空生活的书，我想着长大了当一个飞行员；读了描写大海生活的书，我立志要当一个体魄健壮的海员；读了描写战争的书，我又想着该当一个司令员……所有的梦都像肥皂泡那样一个一个破灭了。在读过高尔基的小说《童年》之后，我沉浸在他所描绘的生活中，第一次想到写书的人，第一次注意到写书的人是很了不起的。你看这个耸起额头的外国老头儿，他写了书，能感动我这个中国小孩子呢。当我仔细端详书的封面上这个外国老头儿的相貌时，我突然觉得，我在哪儿见过这个人。想了半天，总算给我想起来了，在少年宫的阅览室里，这个人的像画得老大，和鲁迅的像挂在一起。

从那以后，我开始想到，我长大了，也要当一个写书的人，也要去感动那些读我的书的小孩子。这个愿望，我没有说出来，把它埋在心底。

【收藏理由】

文章描述了原来的顽童，因“书越读越多”而“开始变得好幻想”的经过。幻想的翅膀一旦张开，就变得一发不可收拾。书传送着丰富多彩的知识，“我”的幻想自然如天马行空，自由驰骋：忽而要当飞行员，忽而要当海员，忽而想当司令员……其实，这些想法只不过是梦，“所有的梦都像肥皂泡那样一个一个破灭了”。最终，“我”才将目光聚集于高尔基——“书的封面上这个外国老头儿的相貌”。于是，暗暗萌生了一个埋在心底的愿望：“我长大了，也要当一个写书的人。”这是“我”茁壮成长的良好开端，也是文章立意之所在。“埋在心底”的愿望就像撒在沃土里的种子，在“书”的阳光照耀下，在知识的雨露滋润下，必将抽芽、含苞，直至开出绚丽的花朵，结出甜美的果实。对此，文章采用含蓄的写法，令读者思而得之，回味无穷。

读一本好书，就是和许多高尚的人谈话。

——【德国】歌德

不要只因一次失败，就放弃你原来决心想达到的目的。

——【英国】莎士比亚

金鱼失眠了

周海秋

“出大事了！金鱼失眠啦！”不知是谁大喊了一句。

“最近主人给的食物明显减少了，金鱼一定是瞪大了眼睛看我们的食物呢！”一条小泥鳅撇撇嘴说。

“那么漂亮的大眼睛当然要展示一下，怎么舍得闭上呢！”一条小鲶鱼不紧不慢地说。

不知是谁把这个消息告诉了主人，主人立即找来乌龟医生给金鱼看病。

乌龟医生戴上眼镜，仔细地盯着金鱼的眼睛看，眼眶正常，眼球正常，可为什么金鱼就是失眠呢？乌龟医生怎么也想不明白。

“还是看一看心理医生吧！金鱼失眠一定是精神太紧张了！”乌龟医生一字一顿地说。

无奈之下，主人只好找来了整个鱼池里最博学的鲤鱼先生给金鱼看病。鲤鱼先生看了看金鱼，笑着说：“金鱼没有失眠，它们就是睁着眼睛休息的！”

“什么？睁着眼睛休息？”大家都觉得不可思议。

“因为金鱼没有眼睑，所以不能像其他小动物一样闭上眼睛睡觉，在白天也不会眨眼睛。如果它们在水中静止不动，保持安静的状态，那就是在休息啊！”鲤鱼先生耐心地解释道。

“是啊，我的爷爷奶奶、爸爸妈妈都是这样睡觉的！”金鱼肯定地说。

“哦，原来是家族遗传呀！”大家这才安心地离开了。

如果我是一片雪花

金波

如果我是一片雪花，
我飘落什么地方去呢？
飘到小河里，
变成一滴水，
和小鱼小虾游戏？
飘到广场上，
去堆雪人，
望着你笑眯眯？
亲亲她，
然后就快乐地融化。

【玩转语文】

拆字游戏

佚名

请你把下面两个字中的一个拆开来，再取其中一部分和另一个字拼上，可以组成一个有意义的词语。例如：“撑”和“屋”，把“撑”拆开，取出“扌”，和“屋”字拼成“握”。也就是说：撑+屋=掌握。现在请你拆拆、拼拼看吧。

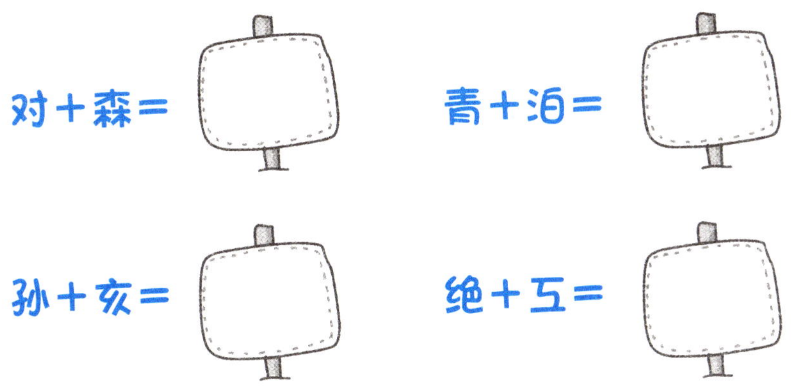

【参考答案】

1. 对+森=树林　青+泊=清白　孙+亥=小孩　绝+工=红色

小青虫的梦

佚名

夏天的夜晚，草丛里，音乐响起来了，它和月光一样，仿佛会流淌似的。

那是蟋蟀在开音乐会，他的琴弹得特别好，油亮亮的样子也特别神气。

“哦，伟大的音乐家！”

到草丛里来听音乐的昆虫们都这么说。

躲在一片草底下的小青虫，动也不敢动，她在偷偷地听着。小青虫虽然长得难看，但她爱音乐，爱得那么执着。

“唉……”每当蟋蟀弹完一曲，小青虫都会发出一声轻轻的叹息，“太美了……”

音乐总会把小青虫带进一个遥远的梦境里。

可是，蟋蟀不喜欢小青虫，常常把她赶走。他挥舞着触须，不耐烦地说：“我的音乐这么美，你这么丑，去去去！”

小青虫只好伤心地爬走了，躲在远远的地方流泪。她的泪光里，映着满天冷冷的小星星。

音乐声又传来了。小青虫抬起头，听得出神了，望着那远远的草从，朦朦胧胧，那里显得更加迷人了。

她轻轻地向前爬去，后脚小心地踩着前脚的脚印。

她爬到一棵小树上，谁也没发现她。

月亮是那么圆，星星是那么亮。蟋蟀就在这棵树下弹琴。

“就像在梦境里一样。”小青虫在心里说。

小青虫躲在一片树叶底下，悄悄地做了一个茧。她想：藏在茧里面听，蟋蟀就看不见我了。

一个淡灰色的茧，在风中轻轻摇晃着。

细丝织成的茧，把别的声音全挡在外面，只有音乐能传进来，在茧里面轻轻回荡。

伴着优美的音乐，小青虫睡着了。

她做了一个梦，梦见自己长出了一对可以跳舞的翅膀。音乐一直陪伴着这个好长好长的梦。

当小青虫醒来时，她已经变成了一只美丽的蝴蝶，美丽得让她自己都吃惊。

蝴蝶从茧里飞出来。

蟋蟀仰起头来，看着她。

“啊，像个仙女！仙女……”蟋蟀说。

蟋蟀大概还不知道，这美丽的蝴蝶就是那丑陋的小青虫变的；蝴蝶大概也不知道，如果没有音乐，她会是什么样子。

琴声又响了，在月光里、在草丛里流淌。蝴蝶和着音乐，翩翩起舞。

昆虫们都在想：是蟋蟀的音乐使蝴蝶变得更美呢，还是蝴蝶的舞蹈让音乐变得更美？

【练习提升】

读短文，在括号里填上适当的词语。

【参考答案】

朦胧　遥远　优美　偷偷

“偶尔妈妈”

有一天，妈妈跟女儿说：“妈妈以后不能天天接你了，要让爸爸接你放学，但是偶尔妈妈会去接你的。”女儿呆呆地看着妈妈，认真地问：“偶尔妈妈是谁啊？”

丁丁的阅读笔记

好喜欢《窗外的精灵》中那个淘气的小精灵多米，真希望在我们学校里也能遇到这样可爱的树精灵啊！

我想，如果我真有一个精灵朋友的话，我一定要他每天晚上给我讲一个精灵家族里的奇幻故事，还要让他给我变好多好多的魔术，最好是变出我最爱吃的巧克力来，嘻嘻！

其实，我最想要的是，希望我的精灵朋友可以带我穿越到魔法世界，这样一来，我就可以与爱丽丝一起漫游仙境，与哈利·波特一起战胜恶魔……

啊，好希望我的这个不可思议的梦想能够成真！

第2章

★ 时间管理 ★

谁偷走了我的时间

月亮姐姐不喜欢晚上不睡觉的孩子。她说，只有晚上按时睡觉，第二天才能看到太阳公公的笑脸。

画蛇添足

跳远比赛
想不通怎么让小胖去参加跳远比赛。他能跳进坑里吗?
好拼哦!
看他已经穿上紧身衣了，他在尽力让自己瘦一点呢。
穿什么紧身衣，根本就是画蛇添足嘛!
他跳哪儿不是一个坑?

土拨鼠的魔法镜——教室里的笑声

崔为安

土拨鼠10岁生日那天，爷爷从肥大的衣兜里掏出一面圆圆的小镜子送给了他，并哑着嗓子说："鼠仔，这镜子是咱家的祖传宝贝，已经有2500年的历史了。今天，我交给你，希望你好好地珍惜它，利用它。"

"谢谢爷爷。"土拨鼠接过小镜子，左看右看，却看不出它跟普通镜子有什么不同，不禁疑惑地瞪大了眼睛。

"这是一面魔法镜，镜中的小精灵可以……"说到这儿，爷爷凑到土拨鼠的耳边"如此这般"地交代了几句。

"丁零零……"土拨鼠刚走进教室，上课铃就响了。漂亮的"眼镜"老师看了他一眼，说："我发现土拨鼠今天穿了一件新上衣。同学们有什么发现呢？请试着用'发现'说一句话吧。"

"我发现咱们班近视的同学越来越多了。"

"我发现桃树在春天里先开花后长叶。"

看到同学们踊跃发言，土拨鼠也站起来说："我想发现一种穿上后冬暖夏凉的衣服。"

"哈哈哈……"听他说完，同学们都笑了起来，有的笑出了眼泪，有的捂起了肚子。

“笑什么？笑什么？”土拨鼠感到莫名其妙，用手使劲儿捏了捏自己衣兜里的魔法镜。

“土拨鼠，那不是你的发现，而是你的发明。”忽然，从土拨鼠的衣兜里钻出一个小精灵，飞到他的耳边，小声说，“‘发明’和‘发现’是一组近义词，不可以换用的。‘发明’带有主观色彩，指人类运用自然规律或科学原理，创造出新的事物或方法。‘发现’带有客观色彩，是发觉的意思，也指经过研究、探索等，看到或找到前人没有看到的事物或规律。”

看到小精灵出现了，土拨鼠悬着的心顿时放了下来，他悄声说：“请你说得再明白些，好吗？”

“好的。”小精灵一个筋斗跳到了他的纽扣上，说，“它们的本质区别在于，‘发明’是从无到有，而‘发现’是从未知到已知。我们可以说发现了哈雷彗星，不能说发明了哈雷彗星，因为彗星不是人类发明创造的。我们说发明了电脑，不能说发现了电脑，因为电脑不是自然界客观存在的，而是人类创造出来的。”

“明白了。”土拨鼠点了点头，也跟着同学们笑了起来。笑过之后，他大声说：“同学们只有发现，而我，想有所发明呢！”

教室里顿时安静了下来。同学们谁也不知道刚才发生了什么，而这一切，没有逃过“眼镜”老师的眼睛。

【成语小木船】

自食其果

孙伟

一场突如其来的灾难降临到森林，摧毁了动物们的家园。大家望着眼前的废墟，个个唉声叹气，心灰意冷。

这时，老首领站了出来，动员大家说："大家不要灰心丧气、悲观失望，只要我们勇敢坚强、齐心协力，美好家园很快就会恢复的。我们不能完全依赖外援，要自己动手，丰衣足食，自食其果！"

动物们听后一片愕然，聪明的小松鼠首先发话了："家园毁坏是灾难带来的，您怎么让大家自食其果呢？"

老首领："我们自己动手生产，收获果实，当然是我们自己吃，这不叫'自食其果'吗？"

小松鼠："哦，原来是这么个'自食其果'呀！"

老首领："我说得不对吗？"

小松鼠："您的意思我明白，就是要大家自力更生、丰衣足食。可是您用'自食其果'这个成语表达的就不是这个意思了！'自食其果'是指自己做了坏事，自己受到损害或惩罚。它与自作自受、咎由自取、作茧自缚等成语意思相近。您刚才的话用'自食其果'是不是不合适？"

老首领：“你真聪明啊！你这样一解释我就明白了，是用得不对，真是太谢谢你了！”

猜猜它们都是谁

（一）

小小姑娘满身黑，秋去江南春来归，
从小立志除害虫，身带剪刀满天飞。

（二）

唱歌不用嘴，声音真清脆，
嘴尖像根锥，专吸树枝水。

（三）

背着包袱不肯走，表面坚强内里柔，
行动迟缓不拖拉，碰到困难就缩头。

【参考答案】

燕子 蝉 蜗牛

谁偷走了我的时间

火明

时间有两张脸：白天与夜晚。白天，太阳升上天空，陪伴我们，照耀我们，给我们以温暖和光明，让我们全身心地学习、工作、生活。夜晚，月亮挂在天上，守护着我们，给我们以温馨和宁静，让我们尽情消解疲劳和倦意。

时间有三条腿：秒针、分针和时针。秒针活泼，步伐轻盈，滴答的脚步声警示我们惜时守时。分针踏实，一步一个脚印，悄无声息，不知疲倦，毫不懈怠地前行着。时针稳健深沉，定时踏响的节拍犹如号角，启示生命向生动与永恒冲锋。

时间有三间住房：昨天、今天和明天。昨天安息着那些已经不能改变的故事和已经凝固的色彩，今天居住着我们奔跑的姿态和热烈的心，明天的主人是灿烂的梦想、殷殷的期盼。

时间有四件衣服：春夏秋冬。微风吹拂，鲜花盛开，绿枝摇动，水波轻漾——春装艳丽飘逸，把青春装扮得繁茂而丰盈。夏装则不同，灿烂的阳光、洁白的流云、奔放的雨水、招摇的菜花是它的点缀。夏装热烈张扬，生命在它的包裹下，充满力量和激情。秋天来了，时间又换了一件衣服：蓝天白云为帽，金黄是衣，深绿成裤，收割的欢笑绕成纱巾。秋装明亮典雅，有着迷人的成熟和稳重。时间把最后一件衣服制成冷色调：晶莹的雪，阴冷的风，干枯的草，冰冷的水……冬装侠气豪放，给生命披上坚强豪迈之气。

（摘自《新人文读本·小学中年级·夏天卷》）

【赏析】

作者用形象生动的语言告诉我们一个生活的真谛：时间脚步匆匆，就像滚滚长江水，一去不复返。四季交替，所有时间里的事物永远不会回来了。拥抱时间，珍惜时间，让自己的每分每秒都变得更有意义吧。

大山是怎样高起来的

薛卫民

大山是怎样高起来的？
大山是这样高起来的——
山背山，
山扛山，
你背我扛去摸天！

大山是怎样远起来的？
大山是这样远起来的——
山推山，
山追山，
你追我赶到天边！

听书 说书

佚名

莫言是我国第一位获得诺贝尔文学奖的作家，他从小就喜欢听书、说书，这为他的文学创作打下了坚实的基础。

莫言小的时候，有一段时间，集市上来了一个说书人，他就偷偷地跑去听书，以至于忘记了母亲分配给他的活儿，为此挨了母亲的批评。晚上，在昏暗的小油灯下，他实在忍不住了，便把白天听到的故事说给母亲听。一开始，母亲还有些不耐烦，渐渐地，她被莫言那绘声绘色的讲述吸引了。打那以后，每逢集日，母亲便不再给莫言安排活儿，默许他到集市上去听书。

为了感谢母亲，莫言每次听完书回来，便把白天听到的故事讲给母亲听。母亲虽然不识字，但是特别敬重识字的人，所以每次都听得格外专注。很快，莫言就不满足于照搬式的转述了，他总是在转述中添枝加叶，或是投母亲所好，或是凭自己想象，编造一些情节，有时甚至改变了故事的结局。时间长了，前来听莫言“说书”的人多了起来，婶婶、姐姐，就连上了年纪的奶奶都成了他的忠实听众。

听书，使得童年的莫言积累了丰富的创作素材；说书，既练就了莫言的语言表达能力，又为他的创作增添了丰富的想象空间。

爱洗澡的“泥巴象”

韩涛

丫丫是一只漂亮的非洲小象。她十分爱干净，因此特别爱洗澡。

一天，丫丫又跟着爸爸、妈妈等一大家人兴高采烈地去洗澡了。

他们来到一条小溪旁，丫丫迫不及待地冲进小溪，又蹦又跳，甭提多高兴了。再看爸爸妈妈，他们像跳踢踏舞一样，有节奏地在小溪里踏着步子。不一会儿，小溪里的水就被搅拌成了均匀细腻的泥浆。

这下，大伙儿玩得更起劲了，他们卧倒在泥浆里打滚儿、嬉戏，热闹极了。这一切，让路过的调皮猴看见了，调皮猴马上告诉了长嘴鸟，长嘴鸟又连忙告诉了快嘴八哥……很快，森林学校的同学们都知道了小象一家人在泥浆里洗澡的事。调皮猴还特意给丫丫起了一个“泥巴象”的绰号。

丫丫非常难过，找来河马老师评理，河马老师对同学们说：“大象在泥浆里洗澡不但能去除身上的寄生虫，防蚊虫叮咬，还能增强家人之间的感情，是一项重要的社交活动呢！”

调皮猴一听在泥浆里洗澡竟有这么多的好处，一放学就找了个泥坑跳了进去。他哪里知道，猴子的皮肤和象的皮肤质地不一样，这一洗不要紧，可真把自己洗成个“泥巴猴”了。

【玩转语文】

成语儿歌猜谜

佚名

（一）

一只兔子撞树上，
刚刚倒下就死亡。
某人正好从此过，
捡到死兔喜洋洋。
他就天天守树旁，
等着兔子跑来撞。
不去努力想成功，
“__________”是妄想。

（二）

森林有只大老虎，
抓住狐狸当食物。
狐狸说它上帝派，
百兽见了都畏服。
老虎不信跟着走，
大小动物逃远处。
“__________”作比喻，
借人威风搞吓唬。

【参考答案】

（一）守株待兔（二）狐假虎威

【小试牛刀】

水果们的晚会

杨唤

窗外流动着宝石蓝色的夜，
屋子里流进来牛乳一样白的月光，
水果店里的钟声当当地敲过了十二下，
美丽的水果们都一齐醒过来，
请夜风指挥虫儿们的乐队来伴奏，
这奇异的晚会就开了场。

第一个是香蕉姑娘和凤梨小姐的高山舞，
跳起来裙子就飘呀飘得那么长，
紧接着是龙眼先生来翻筋斗，
一起一落地噼啪响，
西瓜和甘蔗可真滑稽，
一队胖来一队瘦，怪模怪样演双簧，
芒果和杨桃只会笑，
不停地喊好，不停地鼓掌。
闹呀笑呀地真高兴。

最后是全体水果们的大合唱，
他们唱醒了沉睡的夜，
他们唱醒了沉睡的彩云，
也唱来了美丽的早晨，
唱出了美丽的早晨的太阳。

【练习提升】

1. 本诗都写了哪些水果？请你按顺序找出来。

2. 下面这个句子写得真美呀！你也来仿写一句吧。

例：窗外流动着宝石蓝色的夜。

【参考答案】

1. 香蕉 凤梨 龙眼 西瓜 甘蔗 芒果 杨桃 2. 略

丁丁的阅读笔记

放学路上，我给我的好朋友豆豆出了一个谜语：“它有两张脸、三条腿，还有三间住房、四件衣服，而且它与我们形影不离。你知道它是谁吗？”

豆豆一脸疑惑地看着我，想不出谜底。我当时想，我简直太厉害了！平时豆豆古灵精怪，什么都难不倒她，这次竟然被我出的这个谜语给难住了，我真是太高兴了。

后来，豆豆着急了，嚷着让我告诉她谜底，然后我偷偷地笑着说：“是时间！它有两张脸：白天与夜晚；它有三条腿：秒针、分针和时针；它有三间住房：昨天、今天和明天；它有四件衣服：春夏秋冬。”

第3章

★学会自制★

都是冰淇淋惹的祸

有这样一只小怪兽，它爱发脾气，很任性，还总爱跑到我的身体里，赶都赶不走，我该怎么办呢？

造 句

这节课我们
来练习造句。
“百感交集”
是什么意思？
“百无聊赖”
怎么造句子啊！
……！
我有一个万能句
式：李老师让我们
用××造句，结果
大家都没造出来。

众口一词说“和”字

贺婷

晚上，乐乐和爷爷奶奶还有爸爸妈妈坐在院子里赏月，一家人有说有笑，其乐融融。这时，乐乐提议以“和”字为话题，每个人说说对它的理解。

“繁体字‘和’的左边是‘龠’，为古代的一种乐器，‘龠’字中间三个‘口’，代表三个人，三个人吹出来的声音一致，寓意和谐。简化后的‘和’字，左边是禾木旁，‘禾’很像成熟的谷穗，‘谷’为粮食之首，‘禾’因此象征领导、首长；右边的‘口’则代表大众，‘和’字现在的意思是大家众口一词，万众一心。”爷爷捋着胡须说道。

轮到爸爸了，他喝了口水，说：“从前，有兄弟三人。父亲去世后，他们便商议分家，把财产分成三份。可令他们为难的是，房前有棵紫荆树。该如何分呢？想来想去，他们决定把树分成三段，可是天色已晚，只有等第二天再说。没想到，树竟然在一夜之间枯死了。兄弟三人很震惊，他们觉得树有灵性，听见自己要被锯成三段才枯死的。他们感到很惭愧，觉得还不如这棵树，便决定不再分家了。从此，兄弟三人和睦相处，共同奋斗，成了有名望的人家。这个故事告诉我们：只有以和为贵，共同努力，家庭才会幸福美满，否则，心力失散，就会像大树一样死去。”

爸爸刚说完，乐乐便等不及了，笑着说：“我很赞同爸爸说的话。一位动物学家研究狼群发现每个狼群都有固定的活动范围，它们的活动半径大约是15千米。当把三个狼群的活动圈微缩在图纸上时，他发现了一个有趣的现象——三个圆圈是交叉的，也就是说，这些狼群在划分地盘时，留有一个公共区域。人与人之间相处，也应该遵循这种交叉理论，刚好印证了爸爸说的‘以和为贵’的观点。”

这时，妈妈也微笑着说：“你们说得都很对！‘和’字不仅仅决定一个人的命运，还决定一个家庭、一个集体、一个国家的命运。它告诉人们，只有遵守规则，步调一致，万众一心，才能取得辉煌的成就。”

再出一题

妈妈：“你算算这道题得数是几？”

儿子：“5。”

妈妈：“真聪明，这么快就算出来了。给你5毛钱去买冰棍。”

儿子：“妈妈，你再出一道得数是100的题吧！”

鼓浪屿被淹没了吗

杨奇斌

乐奇从厦门鼓浪屿旅游回来后，带着礼物去看望他的小伙伴东子。

“真好吃。”东子一边吃着乐奇带回来的厦门馅饼一边好奇地说，“乐奇，快说说你这次旅游的收获吧！”

“好啊！”乐奇兴致勃勃地说，“鼓浪屿是一个美丽而热闹的小岛，那里人山人海、滔滔不绝……”

“滔滔不绝？”东子吃惊地说，“难道鼓浪屿被海水淹没了？”

“不是。我是想说去鼓浪屿旅游的人多，就像河水滚滚流动一样。”

“滔滔不绝多用来形容口才很好，说话连续不断。例如：我们班的张明口才特别好，说起话来那可是口若悬河，滔滔不绝呀。”

“嘻嘻！”乐奇不好意思地笑了笑说，“那么，可以用什么成语来形容人来人往，不间断呢？”

“可以用络绎不绝啊！络绎不绝就是形容车、船、人、马等前后相接，连续不断。”

“嗯，那我重新说一次！鼓浪屿是一个美丽而热闹的小岛，那里人山人海，络绎不绝……”乐奇改正错误后，继续讲述着鼓浪屿之行的见闻。他讲得绘声绘色，东子也听得津津有味。

【绿野仙踪】

都是冰淇淋惹的祸

李云

“田径队的同学下午放学后到操场集合。”马教练站在教室门前喊了一句就头也不回地走了，把一片抱怨声丢在身后。

“又要绕操场跑十圈，天这么热，谁受得了啊！”斑点兔说。

“就是！操场上一棵树也没有，那阳光毫无遮拦地照在身上，该多热呀！”长尾猴附和道。

“早知道这样，我就不参加这累死累活的田径队了。”卷毛狗后悔地说。

“马教练呀马教练，您就开开恩，放我一马吧！我这里给您作揖了！”棕棕熊竟哀求起来。可早已走远的马教练哪能听到呢——即使听到了，也断然会置之不理的。

抱怨归抱怨，迫于马教练的威严，他们谁也不敢违抗马教练的命令。

一圈、两圈……八圈、九圈。棕棕熊长得胖，厚厚的脂肪本来就囤积着丰富的热量，在骄阳下这么一跑，可真是热上加热了。他流出的汗水把一身的棕毛都湿透了，像刚洗完澡似的，嘴里也呼哧呼哧地喘着粗气。还有一圈就“解放”了，这会儿他可不敢停下来，因为一停下来，要求严格的马教练就会罚他再跑一圈。

再看斑点兔他们，也都是大汗淋漓，咬牙坚持着。

“十圈完成，解散！”马教练说完，骑上自己的摩托车扬长而去。

“唉，今天总算熬出头了。”棕棕熊喘着气，一屁股坐在了跑道上，旋即又触电似的站了起来，“哇，烫死我了，把我的屁股当烧饼烤啊？”

“哈哈哈……”大家都忍不住笑了起来，然后相互搀扶着向前走去。

“冰淇淋，冰淇淋，一吃体温降到零。”刚走出操场没多远，就听见这诱人的叫卖声。

这下，大家全来了精神。

“咱们到那树荫下坐一会儿，让跑得最快的长尾猴去买冰淇淋吧。”棕棕熊的提议立刻得到了大家的响应。于是，他们把自己身上的零花钱统统交给了长尾猴。

长尾猴不愧是“飞毛腿”，一会儿工夫便提着满满一大袋冰淇淋回来了。没人吩咐，大家便纷纷把手伸进了袋子，各自拿了一根大口大口地吃起来。

“哇，真爽！”

“哇，真是一口一个冬天！”

“哇，这可真是炭中送雪啊！”

“哇，这可真是世间最美妙的享受！”

一会儿工夫，一大袋冰淇淋就被大家“消灭”了。

“舒服，体温真像是降到零了！”卷毛狗满意地摸着肚子，正想再抒发一下此刻的美妙感受，忽然它双手捂住肚子叫道，“疼死我啦！”

“疼死我啦！”斑点兔捂住肚子叫道。

“疼死我啦！”长尾猴也捂住肚子叫道。

“你们这是怎么了？”看着小伙伴们痛苦的样子，棕棕熊傻眼了，可还没等他询问第二句，他也捂住肚子叫了起来，“疼死我啦！”

“妈妈早就提醒过我，”卷毛狗懊悔地敲敲自己的头说，“大汗淋漓的时候不要吃冰淇淋等降暑食品，冷热相激，胃会受不了的。”

“对呀！我妈妈也提醒过我，唉，我怎么只顾当下痛快呢？”长尾猴附和道。

这么一说，大家都想起了妈妈的叮嘱，可当冰淇淋出现在他们眼前的时候，他们全都给忘了。

亲爱的小朋友，你可不要忘了呀！

绕口令

华华园里有一株藤萝花，
佳佳园里有一株喇叭花，
佳佳的喇叭花，绕住了华华的藤萝花，
华华的藤萝花，缠住了佳佳的喇叭花，
也不知道是藤萝花先缠住了喇叭花，
还是喇叭花先绕住了藤萝花。

杜甫改诗

易名

唐朝天宝年间的一天，阳光明媚，35岁的杜甫独自来到长安城外的曲江游览。眼前芳菲满目，夭桃夹岸，艳红似火，更有婆娑绿柳与之相映成趣。如此美景，令他心旷神怡。他在草地上坐下，只见春风过处，飞来片片洁白的柳絮，有的落在桃花上，别有一番景致。

杜甫触景生情，提笔写了首诗《曲江对酒》，其中有两句："桃花欲共杨花语，黄鸟时兼白鸟飞。"后一句，写的正是诗人落笔时飞过一只羽毛嫩黄的小鸟，唧唧叫唱着，忽又有一只浑身莹白的小鸟相向飞来的情景。在花柳相映的优美景色中，飞鸟的鸣唱更为美景增添了一番生机。于是在"桃花欲共杨花语"句后，作者很自然地写出了"黄鸟时兼白鸟飞"这句好诗来。

在回家的路上，诗人再三吟咏自己在曲江所写的得意之作，忽然想到：桃花和柳絮怎能"欲语"呢？这样写是否有些牵强呢？想着想着，回到了家中，他连墨也没有来得及磨，抓起笔来，往墨池里一蘸，一下子将两句改作："桃花细逐杨花落，黄鸟时兼白鸟飞。"这一改，诗句的意思既明白又贴切，杜甫这才满意地笑了。

【知识加油站】

蛋糕长了"绿头发"

水泓

住在香喷喷蛋糕村的小猪吧嗒，做梦都想成为一名大侦探。瞧，他戴上手套，拿着放大镜，这儿看看，那儿瞧瞧，在本子上写写圈圈，还真有点像小侦探呢！

几天前，猪妹妹把吃剩的蛋糕藏进了后院的树洞里。谁知今天早上一看，蛋糕被偷吃了一大半，剩下的长满了绿头发，还有一股臭臭的味道。

这下，吧嗒要大显身手啦。

"这一定是小偷的头发！"经过一番侦查，吧嗒肯定地说，"他是一个脏小孩，不爱洗头发，所以臭烘烘的。"可是，谁长着绿头发呢？吧嗒实在想不出来。

猪爸爸走过来一看，说："这可不是头发，这是霉菌，别看它个头儿小，干起坏事儿来可是有一套！"

"霉菌能让食物腐烂变质，还能生出好多小霉菌，一起把食物吃掉。"

"谁要是吃了长霉菌的食物，就会生病肚子疼，还好霉菌怕冷又怕热。所以，吃剩的食物要放进冰箱，吃之前还要热一下。"

"哼，这个家伙真是太可恶了！"吧嗒用塑料袋把蛋糕装好，塞进了信封，"我要把霉菌寄到南极去，那样，它们就再也干不成坏事啦！"

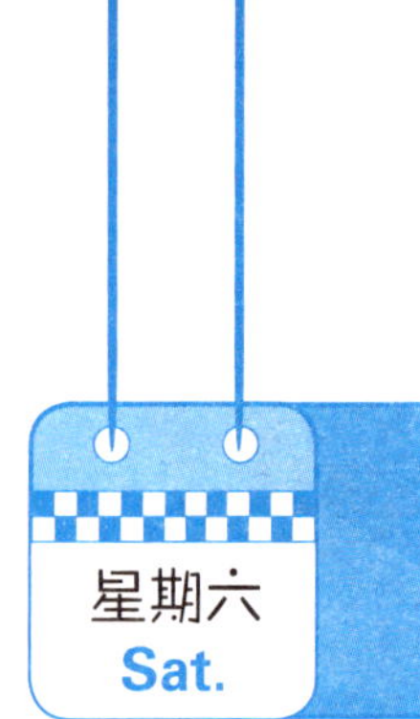

【玩转语文】

学科名称补充成语

佚名

我们每天上学要学习哪些学科，同学们一定记得很清楚。现在，请你给这些学科名称的前后空格补上合适的汉字，使它们都成为成语吧！

（　）（　）（　）语　　文（　）（　）（　）

（　）（　）（　）数　　学（　）（　）（　）

（　）（　）（　）英　　语（　）（　）（　）

（　）（　）（　）体　　育（　）（　）（　）

（　）（　）（　）美　　术（　）（　）（　）

（　）（　）（　）信　　息（　）（　）（　）

（　）（　）（　）劳　　动（　）（　）（　）

【参考答案】

甜言蜜语　文不对题　不计其数　学以致用　百卉含英

语无伦次　魂不附体　育人子弟　成人之美　术有专攻

言而有信　息息相关　举手之劳　动如脱兔

多彩的风

佚名

风，看似（sì shì）是透明的，其实，它也有五彩斑斓的时候。

风到了城市里，到处是一片繁华的景象，然而空气却很差。这时，风变成了灰色：闻起来还有阵阵臭气，听起来似心灵被破坏那么悲伤。风看着楼房，抽搐了一下，摇摇身子，去了山谷。

风到了山谷里，呼吸到了新鲜空气，这儿的景色却十分荒凉。风变成了棕褐色：闻起来似一杯白开水，无味；听起来似杂乱的音符；尝起来似一块黑色巧克力，苦中有甜。于是，风快速地前往下一个站点。

风到了乡下，到处都有绿色的"太阳伞"给大地遮阳。偶尔可以瞥见几个人影，空气更是清凉宜人。这时，风变成了翠绿色：闻起来那么清香，沁人心脾；听起来像是百灵鸟婉转地唱着悦耳的曲子；尝起来似一块薄（bó bò）荷口香糖，清爽润嗓。然后，风化身一棵小绿苗，栽在泥土里。

"哗，哗"，瞧，风又来与我们玩捉迷藏了。

【练习提升】

1. 选择文中加点字的正确读音，画上"√"。

2. 根据短文，在下列括号里填入恰当的量词。

3. 风来到了________，变成了灰色；风来到________，变成了棕褐色；风来到________，变成了________色。

4. 小朋友，你喜欢什么颜色的风？说说你喜欢的原因。

【参考答案】

1. sì bò 2. 片 把 块 杯 3. 城市 山谷 乡下 翠绿
4. 示例：我最喜欢翠绿色的风，因为空气特别清新。

丁丁的阅读笔记

冰淇淋是我最爱吃的甜食。每次妈妈带我去游乐场玩的时候，妈妈都会给我买一个冰淇淋，甜甜的、凉凉的，可好吃了。可是，在《都是冰淇淋惹的祸》里，卷毛狗和斑点兔他们因为在大汗淋漓的时候吃了冰淇淋，结果导致肚子疼。妈妈平时也告诉我，剧烈运动之后，不要吃冰淇淋，胃会受不了的。以前我不相信，但是现在我知道了，以后我一定会注意的。

有一次，我也发现蛋糕上长了“绿头发”，看了《蛋糕长了“绿头发”》，我才知道，原来它们是一群叫作霉菌的坏家伙。它们能让食物腐烂变质，还能生出好多小霉菌，一起把食物吃掉。这群坏家伙真是太可恶了！

第4章

★打破常规★

大海不都是蓝色的

世界有多大？井底之蛙说，世界只有井口那么大；而我却说，你想有多大，它就有多大！

肆无忌惮

李老师让我们
听写四字成语，
我错了五个字。

真奇怪，是
哪四个字？

就是成语“肆无
忌惮”，我当时
听成了“四五鸡
蛋”。
那也应该是
四个字啊？

我觉得不通顺，
就写成了“四五
个鸡蛋”。

“然”老爷训子

崔为安

胖大头：乐乐猪，你去过词语王国没有？

乐乐猪：我听说过这个地方，但没有去过。

胖大头：词语王国里有个“然”家村，“然”老爷就住在这个村子里，他严以律己，铁面无私。

乐乐猪：哦，你也认识“然”老爷？我知道他有一对双胞胎儿子，一个叫“果然”，一个叫“居然”。

胖大头：对，对。这一天，“然”老爷去公园散步，忽然听到有人在议论他的儿子。

乐乐猪：如何说的？

胖大头：那几个人不是光明正大地说，而是咬着耳朵窃窃私语。一个说：“听说‘然’家有人不务正业，擅离工作岗位呢。”一个说：“我曾亲眼看到‘果然’‘居然’这两个小子交换岗位，谈天说地呢。”

乐乐猪：听到这话，“然”老爷的肺肯定气炸了吧。

胖大头：你猜对了一半。“然”老爷是很生气，但也很理智。他穿上长袍，拄上拐杖，决定暗自查访。在句子园里，他看到了自己最不想见到的一幕：1. 天气预报说今天下雨，今天（居然）下雨了。2. 这么重的担子，他（果然）挑着走了二十里。

乐乐猪：看到“然”老爷，兄弟俩肯定吓坏了。

胖大头：不，那两个小子异口同声地说：“我们是兄弟，换换岗有什么不可？”

乐乐猪：哈哈哈，这一句话肯定会换来几根“锅贴子”。

胖大头：没有，没有。“然”老爷注视着他俩，足足一分钟，然后一字一顿地说：“你俩虽然是兄弟，却不能更换岗位。”

乐乐猪：为什么呢?

胖大头：“果然”“居然”当时也这么问了。“然”老爷沉默了一会儿说，“果然”表示事实与所说或所料相符，含有“真的，果真这样”的意思。例如：果然不出所料，今天下雨了。

乐乐猪：那“居然”呢?

胖大头：“居然”表示出乎意料，竟然。有两种情况：一指“不容易这样而这样”，指好的方面，如“再过几天，二两炒面也会发生困难。现在居然有了一头牦牛，怎么不叫人高兴呢”。二指“不应该这样而这样”，指不好的方面，如“看日本鬼子杀了那么多中国人，你居然还笑得出来”。

乐乐猪：“然”老爷这样说，兄弟俩什么态度?

胖大头：兄弟俩连连点头，换回了岗位。看到两个儿子认识到了自己的错误，“然”老爷非常高兴，顺口吟出了一首小诗。

乐乐猪：太有趣了，怎么写的?

胖大头：“然”家兄弟真是多，请你用时别出错。意料之中用“果然”，事出意外用“居然”。用“然”切莫想当然，要知其中所以然。

乐乐猪：哈哈哈，说得太好了！

抛砖引玉

曲晓

唐朝有一位诗人，名叫赵嘏，诗才很高。他“长笛一声人倚楼”的诗句，曾得到诗人杜牧的赞赏，因此人们称他为“赵倚楼”。当时还有一位名叫常建的诗人，他诗写得也不错，但他自己并不满意，而非常佩服赵嘏的才华。

有一次，赵嘏到苏州去旅游，常建正好也在苏州，他便想：“这是个好机会，一定要设法让赵嘏留下几句好诗来！”但是用什么方法呢？他知道灵岩寺是苏州的一大名胜，赵嘏既到苏州，必然要去灵岩寺，如果预先在寺中写下一句半首，说不定会引起赵嘏作诗的雅兴。

于是，常建就在灵岩寺的墙上写了两句诗。赵嘏果然来到灵岩寺游览，看到墙上的诗只有两句，便提笔在后面添了两句，成了一首完整的诗。常建的计策成功了，他用自己不太高明的两句诗，换来了赵嘏续成的一整首精彩的诗！

有人说，常建的这个方法，真可谓“抛砖引玉”了。

后来，人们就用“抛砖引玉”这个成语，比喻用粗浅的、不成熟的意见引出别人高明的成熟的意见，这也是一种自谦的说法。

不肯冬眠的小黑熊

朱效文

灰蒙蒙的冬天来了，北风吹秃了大森林。黑熊妈妈在一棵最粗的树干上打了一个大洞，让小黑熊尼尼在树洞里冬眠。

“乖孩子，你瞧，”熊妈妈说，“多宽敞的屋子呀！好好睡上一觉，明年春天醒来，你就长大一岁啦！”

熊妈妈回自己的树洞里去了。可是，小黑熊尼尼却不愿意睡觉，它想：“要睡整整一个冬天，多没意思呀！让我在这大屋子里痛痛快快玩一玩吧！”

尼尼最爱画画，他掏出画笔，在树洞顶上画上蓝天、白云和风筝，在树洞四壁画上鲜花、绿树和小溪。

“咚！咚！”熊妈妈不放心尼尼，又来敲门了，“乖孩子，你睡着了吗？”

尼尼开门问妈妈：“干吗要睡觉呀？”

妈妈说：“是冬天了，就应该睡觉嘛！”

“不，妈妈，”尼尼指着大屋子说，“你来看哪，这儿是春天呢！”

熊妈妈进屋一看，呵呵笑着说：“太好了，乖孩子，果然是春天。那我也不睡了，咱们一块儿玩，一块儿唱春天的歌吧！”

一只小鸟飞到窗前，寒风吹得它浑身哆嗦。尼尼打开窗对小鸟说：“快进来吧，别害怕，这儿有春天！”

小鸟进屋一瞧，高兴地拍着翅膀说：“真的，是春天！多好的春天啊！”

小鸟唱着春天的歌出门散步，结了冰的小河奇怪地说：“你唱些什么呀？现在可是冬天！”

小鸟指着最粗的大树说：“不，是春天呢！你瞧那儿。”

小河一看，熊妈妈和小熊尼尼正在窗口向它招手呢！要是冬天，它们早该睡了。对！小河一抖身子，冰块稀里哗啦全碎开了。它一边欢快地奔走，一边也唱起了春天的歌。

小鸟唱着春天的歌飞过蓝天。太阳睡眼惺忪地说：“你唱些什么呀？现在可是冬天！”

小鸟指着小河和大树说：“不，是春天呢！你瞧那儿！”

太阳一看，对呀！小河的冰化了，小熊尼尼和熊妈妈也没睡觉，真的是春天了！太阳洗完脸，打起精神来，把明亮的光芒从天空直射向大地，照得大森林暖洋洋的。

这一年，大森林里的冬天特别短；这一年，大森林里的春天来得特别早。小动物们又高兴又奇怪。它们不知道，这些都是小黑熊尼尼的功劳呢！

（选自《快乐迪尼斯：感动小学生的100篇童话》）

良好的开端

夏德钱

列夫·托尔斯泰是俄国十九世纪伟大的作家。他所写的《战争与和平》《安娜·卡列尼娜》和《复活》等长篇小说，在世界上有着巨大的影响。选编在小学语文课本中的《跳水》和《穷人》都是托尔斯泰写的。

托尔斯泰的写作才能，在少年时代就开始显露出来了。他七岁的时候，用白纸装订了一本“杂志”，把自己写的各种文章抄写在里面。他给“杂志”取名叫“儿童娱乐”，封面上还画着漂亮的图画。开始，他在“杂志”里抄写的只是一些描写动物的小故事，只有短短的几行字。后来，他渐渐地学习写含义比较深刻的寓言和情节比较复杂的故事，还学习写抒情诗。

托尔斯泰一边写，一边拼命地读书。他先后贪婪地阅读了法国的古典小说、古希腊的神话和普希金的诗歌。读着、读着，他常常忘记了吃饭和睡觉。书籍给他打开了一个新的世界，使他汲取了丰富的知识，提高了读写能力。他九岁的时候，根据祖父在军队任上校期间所经历的各种奇事，写了一篇生动的故事，抄在自编的“杂志”上。

托尔斯泰这些写在手抄“杂志”上的作品，虽然简单、幼稚，但是，这正是他后来从事文学创作，成为伟大作家的良好的开端！

大海不都是蓝色的

董恒波

海燕姐妹俩在画画儿，她们最喜欢画的当然是大海啦！

小姐妹画得可认真了，蓝天、白云，天上飞着各种海鸟。咦？小妹妹看见了姐姐画的大海，突然惊叫了起来："哎呀，你这是画的什么呀，怎么能把大海画成红色的呢？"妹妹指着姐姐的画不停地摇头。

"难道大海都是蓝色的吗？"

"当然了，有一首歌不是唱'我爱这蓝色的大海'，人们也常说'蓝色的大海'，你把它画成了红色，不是让人笑话吗？"

"大海不都是蓝色的！"

"大海就是蓝色的！"

正在姐妹俩争吵的时候，海燕妈妈来了。

海燕妈妈耐心地和小妹妹解释："姐姐画得并不错呀，她画的这个大海叫红海。"

"为什么叫红海呢？"小妹妹喜欢刨根问底。

"这是因为有一段时间海水里会大量繁殖红色海藻植物，使整个海域都变成了红褐色，红海就是这么得名的。不过，你别担心，在红海里游泳是不会被染成红色的哦。"

海燕妹妹明白了："哦，原来大海不都是蓝色的呀。"

妈妈又补充了一句："是的，还有黄色、黑色和绿色的呢。等你长大了，就可以去那儿看一看啦！"

小吃货

小呆是个"小吃货"，无论什么都想尝一尝，什么事情都能想到吃。

他知道家里冰箱上放有吃的，但是他太矮了，够不着。他也挺能想办法，于是站在旁边的餐椅上，踮着脚尖伸长胳膊够。

奶奶看见了，赶紧跑过去把他抱下来："小乖乖，一旦掉下来头上就要摔个大包了呀！"

他接道："不摔个大包，摔个大饺子。"

智力迷宫

佚名

请你从入口的“智”，走到出口的“力”，确保所经过的路线都是首尾相接的成语。快快转动你的大脑吧，祝你能成功走出迷宫！

【参考答案】

智勇双全→全心全意→意气风发→发扬光大→大快人心→心平气和→和而不同→同心协力

爱书如命的人

佚名

在鲁迅的生活中，书籍占着十分重要的地位。他被人们称为“爱书如命”的人。

幼年时期的鲁迅，随着识字渐渐多起来，就开始攒钱买书。过年时，大人给了他压岁钱，他总舍不得随便花，一点一点攒起来买书看。成年以后，鲁迅阅读的范围更加广泛了，他对于买不到的稀有的好书，就亲自动手一笔一画地把它抄下来。显然，抄书使他获益匪浅。鲁迅的记忆力非常好，读过的书能够经久不忘，这与他抄书的爱好是密切相关的。在鲁迅博物馆里，陈列着一盒修书的工具，鲁迅就是用这些极其平常的东西进行修书，使他的书历久常新，没有一册书里有污损，也没有一册书是破散的。

鲁迅读过的书浩如烟海。他购置的书，仅据《鲁迅日记》上的“书账”统计，从1912年到1936年，就有9000多册。他收藏的书总是捆扎保存得井井有条。鲁迅一生清贫，最大的财产就是他这些藏书了。

【练习提升】

1. 写出下列词语的近义词和反义词。

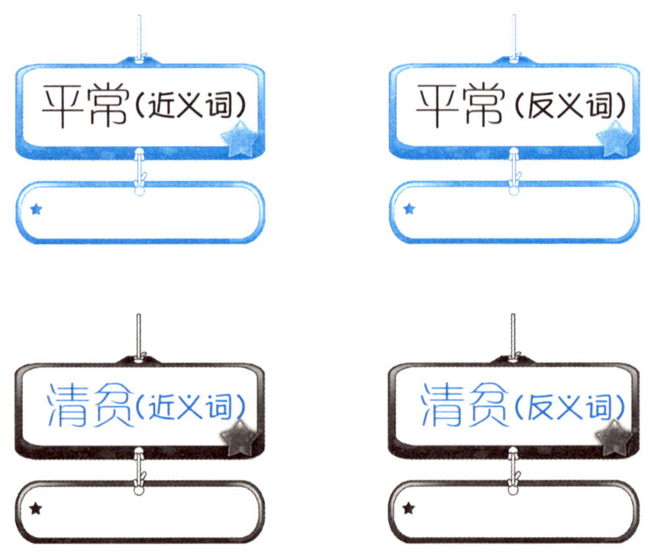

2. 根据下列意思，请从短文中找出相关的词语。

（1）形容（读过的书）很多。

（2）经过了很长的时间也不会忘记。

（3）收益很大。

3. 人们为什么称鲁迅为“爱书如命”的人？

【参考答案】

1. 平时、特殊；贫寒、富裕 2. 浩如烟海 经久不忘 获益匪浅 3. 因为鲁迅喜欢阅读，爱惜书籍，虽然一生清贫，却有大量的藏书。（意思对即可）

丁丁的阅读笔记

那天，当我读完《大海不都是蓝色的》之后，我问爸爸：“这篇文章里说，世界上的大海不都是蓝色的，还有红色、黑色和绿色的。您知道红海一词的来历吗？”

爸爸挠了挠头，说：“爸爸猜想丁丁一定知道答案，快告诉爸爸吧。”

我神气地说：“这是因为有一段时间海水里会大量繁殖红色海藻植物，使整个海域都变成了红褐色，红海由此而得名。”

爸爸听完我的讲解，向我伸出了大拇指，高兴地说：“儿子，你真棒！”

我看着爸爸肯定的眼神，别提有多开心了。

第5章

★ 树立榜样 ★

有个学霸叫康熙

清晨，我从梦中醒来，发现自己爬到月亮上去了。当我正要吃玉兔姐姐给我准备的早餐时，却被妈妈拉了回来。

屈指可数

趣说“弓”字

邱成立

“弓”是一个象形字，从甲骨文看，左边是弓背，右边是弓弦，就像古代武士使用的强弓。

弓起源很早。考古发现，在距今三万年前的山西朔县峙峪文化遗址中有石镞，表明当时的先民已经使用弓了。早期的弓为竹或木制，容易朽烂，难以保存，现在已经找不到实物了。我们可以想象，最初的弓与现在小孩子玩的弓，实际形状以及原理没有什么两样。将一根竹片或树枝弯过来，用一段绳子系紧，拉住两端，便做成了一张弓。这种弓大致呈半圆形，确切地说，是一段圆弧。

为什么“弓”字有很多曲折，而不是一段圆弧呢？这一道弯非常有讲究，可以说，它是古代制弓技术的一大进步，是一个标志性的进步。

弓的中间为什么要弯一下？由现代力学知识可以知道：一根直的竹材可以想象是由许多薄竹片一层一层粘在一起的。当竹材弯成弧形时，外层竹片伸长，内层竹片则压短，这时，外层竹片受拉力，内层竹片受压力。拉弓的劲越大，竹材弯得越厉害，当力达到弓不能承受的值时，就会出现裂纹甚至折断。为了让竹材在承受较大的力时外层不致裂开，古人将竹材向相反的方向预先弯一下，这样可以使外层先受些压力，内层先受些拉力。等到使用弓的时候，外层受拉，内层受压，就可以从内部先抵消一些力，使弓承受的力增大，这样，“弓”的样子就形成了。

“弓”的本义是射箭工具，引申指形状或作用像弓的东西。“弓”用作动词，引申指弯曲，如“弓腰”。

由于中国古代的弓不是圆弧形，所以诗人比喻天上的残月，很少用“弓”，而大多用“钩”，比如“月如钩”“一钩新月”等。

“弓”是个部首字。凡是由“弓”为部首组成的字，大都与弓矢有关，如“引、张、弛、强、疆”等。

如果你希望成功，当以恒心为良友，以经验为参谋，以当心为兄弟，以希望为哨兵。

——【美国】爱迪生

如果是玫瑰，它总会开花的。

——【德国】歌德

入木三分

林静

王羲之是我国历史上著名的书法家。他自幼就在父亲的指导下苦练书法，七岁时就能写出一手好字。

到青年时期，王羲之已经成为有名气的书法家了，但他仍然不停地苦练，走路、吃饭乃至睡觉都在揣摩各书法家的笔势，手指还不停地画字影。

经过不懈的努力，王羲之终于创造出自己的书法字体。他的字写得优美、苍劲，糅合了百家之长，得千变万化之神。

有一次，皇帝让王羲之在一块木板上写祝辞，命令雕刻工匠照着刻下来。工匠雕刻时发现王羲之的字笔力遒劲，已渗入木头三分深了，禁不住赞叹道："王羲之的字，真是入木三分啊！"

这就是成语"入木三分"的由来，多用于形容书法刚劲有力，也用来形容议论、见解深刻。

快乐的萤火虫

贺维芳

寂静的夜晚，各种喜欢在夜间活动的小虫子都跑到外面的草地上玩耍。他们有的唱歌，有的跳舞，还有的与人捉迷藏……

萤火虫也来了，她的手中提着一盏灯笼。那灯笼的光很微弱、很微弱，看上去就像是一颗遥远的、会移动的小星星。

萤火虫飞到东，看到迷路的小白兔正在哭着找妈妈，于是赶紧打着灯笼飞过去："小白兔，你别哭，我送你回家！"

小白兔在萤火虫的帮助下，回到家，找到了妈妈。他快乐地喊："谢谢你，提着灯笼的萤火虫！"

萤火虫飞到西，遇到山羊奶奶磕磕绊绊地往家赶。她赶紧打着灯笼飞过去，为山羊奶奶照亮回家的路："山羊奶奶，您别着急，我陪您回家！"

萤火虫不辞辛苦地把山羊奶奶送回了家。山羊奶奶感激地说："善良的萤火虫，谢谢你！"

萤火虫每天晚上都忙来忙去的，帮助那些需要帮助的小动物。她看到自己给大家带来了快乐，觉得很幸福。

可是，一只蝼蛄啾啾地嘲笑她："萤火虫，你别以为自己有多么了不起，你不就是提着一盏小灯笼吗？就你那一点点亮光，让人读不得书，写不成字，做不了针线活。依我看，你呀，还是把灯笼留在家里吧，免得出来丢人现眼！”

萤火虫说：“我从来没有觉得自己有什么地方丢人，反而感到很快乐。虽说我的光很微弱，但我是尽了全力的。如果每个生命都舍得像我一样放光发热，那这个世界不就很温暖、很明亮了吗？”

蝼蛄听了，哑口无言，灰溜溜地爬走了。

萤火虫继续提着灯笼快乐地飞。她的光仍然很微弱，却给别人的心中带来了无限的光明。

草的名字

【日本】金子美玲

人们知道的草的名字
我一个也不知道
人们不知道的草的名字
我却全部都知道
因为这是我给它们起的名呀
给喜欢的草起喜欢的名
人们都知道的草的名字
那一定也是谁给起的吧
因为知道它们真正名字的
也只有天上的太阳吧
所以我就这么叫它们
用我喜欢的名字叫它们

有个学霸叫康熙

田朝晖

发明微积分的德国数学家莱布尼茨，是不折不扣的康熙皇帝的粉丝。在他眼里，康熙皇帝就像一个备战高考的高三学生："求知欲强烈到几乎令人难以置信的程度。这位受全国文武百官顶礼膜拜的君主竟可以同传教士一天三四个小时地关在房间里，如同师生一般地相处，熟悉精密仪器，共同钻研书籍。"

为何一个皇帝要如此投入地学习西方科学？这恐怕要从一部历法的存废之争说起。

1645年，多尔衮颁行传教士汤若望等人编写的《时宪历》，但新法引来钦天监汉官杨光先的攻击。杨光先说，大清朝可以存在亿万年，但新历法只编写200年。他认为大清宁可缺好历法，也不能容忍洋人存在。杨光先获得重臣鳌拜支持，于是《时宪历》被废除，汤若望、南怀仁等西方传教士入狱，杨光先任钦天监监正，吴明烜任副职。

不过，汤若望、南怀仁被下狱后发生意外，北京地震了，汤若望、南怀仁被释放。后来康熙亲政，派人拿着历书询问南怀仁的意见。南怀仁毫不客气，指出康熙八年的闰十二月，应在康熙九年正月。康熙让杨光先、南怀仁辩论，但没有结果。没有办法，康熙命令大臣们登观象台，实地测验谁对谁错。

结果，三次测验的结果都是南怀仁正确，杨光先错误。于是，康熙下令革去杨光先职务，命南怀仁为钦天监监副，管理监务，恢复使用《时宪历》。自此，这场关于历法的争执以西方传教士的胜利告终。

这件事对康熙触动很大，本就对西方科学不反感的他，突然意识到："朕幼时，钦天监汉官与西洋人不睦，互相参劾，几至大辟。杨光先、南怀仁于午门外九卿前当面赌测日影，奈九卿中无一知其法者。朕思已不知，焉能断人之是非？因自愤而学焉。"

对于康熙来说，因知识不足而产生误判，是他这个当皇帝的最不能接受的事。他决定学习西方科学。

据报载，康熙在与俄国进行《尼布楚条约》谈判时，意识到精通俄语和拉丁语的重要性，于是回京后就设立了"内阁俄罗斯文馆"，让八旗子弟专门学习俄罗斯语。

康熙学习西方科学，第一个外籍老师是南怀仁，负责教授天文学和数学，此后又找了几个老师，也都有响亮的中文名：张诚、白晋和徐日升。后几位大大拓展了授课表，不但讲天文历法和数学，还教授医学、化学、药学、人体解剖学。

康熙皇帝非常好学。据传教士洪若翰记录，康熙很容易就能听懂他们的课，而且热情高涨。康熙去北京郊区的畅春园休息，也不想中断课程，教士们没办法，不管天气炎热还是刮风下雨，都要去给康熙上课。教士们上完课离开，康熙意犹未尽，经常自己复习授课内容，有时会叫来几个皇子，听自己授课。

康熙不仅好学，而且爱做实验。他喜欢把大臣叫来看他测试天文，他还在宫里设实验室制药，他在皇子皇女和宫女身上实验种痘，他还亲自解剖过一只冬眠的熊……最令人叫绝的是，他还出版了自己的科研论文：《三角形推算法论》。

因为康熙的好学，西方文化在中国一度盛行。康熙外出巡游，常常带上传教士，同住一顶帐篷，同吃一桌饭菜。康熙的第一任老师南怀仁曾上书罗马教廷，请求抓紧时机，派遣更多传教士来华，尤其是懂天文、物理的传教士。

虽然康熙如此热爱西方科学，但并没有推动大清王朝科技的发展。近代教育家邰力子认为，对于西洋传来的学问，康熙似乎只想利用，只知欣赏，而从没有注意造就人才，更没有注意改变风气。梁启超也就此批评，“就算他不是有心窒塞民智，也不能不算他失策”。

（摘自《新华每日电讯》）

橱柜太黑

妈妈：“儿子，今天早上我在橱柜里放了两块蛋糕，现在只剩下一块了。你说是怎么回事？”

儿子：“噢，里面太黑，我没有看见那一块。”

【知识加油站】

鹤老师来教形体课

董恒波

一只美丽的丹顶鹤在河边遇见了一群鸭子。

丹顶鹤见鸭子们走路一摇一摆的，很是生气，于是把鸭子们喊了过来："来来来，我来教教你们怎样走路才好看！"

鸭子们早就为丹顶鹤那迷人的风采所倾倒了，瞧人家那修长的体型，优美的步态，简直就是一个模特！鸭子们纷纷挤上前来。

"大家看好啊，来，一二三四、二二三四……"丹顶鹤喊着节拍开始做示范动作。

鸭子们都积极地跟在丹顶鹤身后开始学。

可是，练了大半天，鸭子们累得气喘吁吁，走起路来却还是一步三晃，像喝多了酒似的，东摇西摆站不稳。

丹顶鹤实在没有耐心了。

"你们这些鸭子到底是怎么回事？连几个基本步法都学不会！"丹顶鹤气得直拍翅膀。

这时，一只戴着博士帽的鸭子走上前说："尊敬的鹤老师，不要生气。并不是我们不用心学习，而是我们的身体天生就不适应在陆地上行走呀！你看，我们鸭子的腿都特别短，三个脚趾间有皮膜相连，

人们管这叫蹼，这些都是为了在水里生活用的。到了陆地上，为了保持身体平衡，我们走起路来就只能一摇一摆的啦。”

“是呀，鹤老师，我们表演一个水中舞蹈，保证让您高兴！”一只小鸭子说。

鸭子们在水里表演了一段精彩的花样游泳，丹顶鹤看得连连点头。

小凉山很小

鲁若迪基

小凉山很小
只有我的眼睛那么大
我闭上眼
它就天黑了

小凉山很小
只有我的声音那么大
刚好可以翻过山
应答母亲的呼唤

小凉山很小
只有针眼那么大
我的诗常常穿过它
缝补一件件母亲的衣裳

小凉山很小
只有我的拇指那么大
在外的时候
我总是把它竖在别人的眼前

【玩转语文】

添一笔，变新字

佚名

试试给下面的字加一笔，然后组成一个新字。

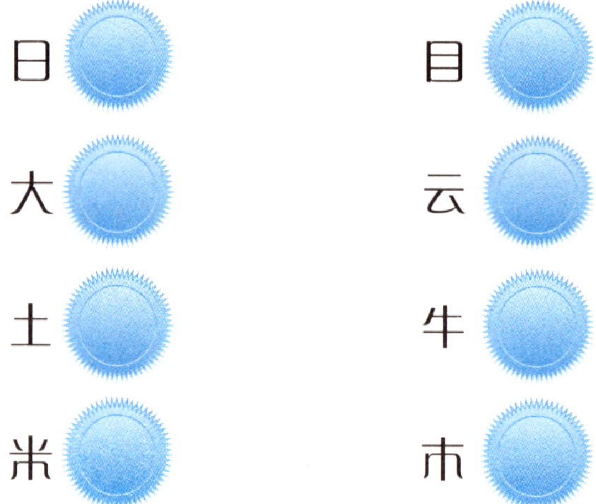

【参考答案】

日→白 目→自 大→犬 云→去

土→王 牛→生 米→来 木→本（答案不唯一）

【小试牛刀】

懒洋洋的小船

佚名

一只小船，懒洋洋地躺在河床里，对哗哗的流水说：“朋友，请帮帮我，推我前进吧！”流水（答应　同意）一声，就推着小船晃晃悠悠地走了。小船高兴得直跳：“嘿，前进，多轻松愉快呀！我在前进，可我却不（费力　尽力）……”

后来，流水把小船送到一处河湾里，拍击着船舷说：“朋友，我已尽到了责任，现在该你自己努力啦！你的道路还很漫长，祝你勇往直前，再见！”说完，它便流走了。

小船躺在静静的河湾里，左右摇动一下，费了很大劲儿才（扭动　挪动）了一点点。它灰心丧气地说：“唉，原来前进一步竟这样不容易。算了吧，前进有什么用！”它又自我安慰道：“这儿也不错嘛，有花，有树，有鸟叫，天上有白云……”于是，它就永远躺在这里，每天靠晒太阳打发日子，还感觉挺不错的。

【练习提升】

1. 选择文中括号里正确的词语，用“√”画出来。

2. 从文中找出下列词语的近义词或反义词。

近义词

反义词

1. 答应 费力 挪动
2. 近义词：高兴 永远 反义词：前进 轻松

丁丁的阅读笔记

阅读让我收获了好多好多的知识，还有了好多好多的快乐，我越来越爱阅读了！

读了《趣说“弓”字》，我才知道，汉字原来有这么深远的历史，我们的古人真是太有智慧了！

在《快乐的萤火虫》里，那只提着灯笼为森林里的朋友们送去光亮的萤火虫，她的光虽然微弱，却给别人的心中带去了无限的温暖。我也要像这只善良的萤火虫一样，用自己的力量去帮助那些需要帮助的人们。

帮助别人，快乐自己，这是我从这篇童话里懂得的道理。

第6章

★保持谦虚★

爱吹牛的白鹅

我问妈妈，受大家欢迎的秘诀是什么？妈妈说，处处为他人着想，给别人带去欢乐，这就是秘诀。

风马牛不相及

作文题目：《假如我是蜘蛛》。

第二天。
丁丁，你这篇作文真是——
假如我是只猪
哈哈~~

是“假如我是蜘蛛”啦！
“蜘蛛”和“只猪”还真是风马牛不相及啊！

“看”这一家子

大海

“看”这一家子人丁兴旺，像“望”呀、“瞧”呀、“瞅”呀、“瞻仰”呀、“俯视”呀……都是“看”家族的成员。它们一向和睦相处，关系融洽，多次被“文字王国”的国王授予“五好家庭”的称号。可是没想到，最近，这个大家庭里产生了一些不大不小的“矛盾”。

事情是这样的：“看”爷爷病了，大家庭的成员都赶到了医院。

“望”字来了，“瞧”字来了，“瞅”字来了，“看望”“探望”也来了……一个个都进去了。平时十分高傲的“蔑视”也来到了医院，但是被“词义警察”拦住了。

“词义警察”向它敬了个礼，客气地说了声“请止步”，不准“蔑视”进去。

“蔑视”气呼呼地说：“这不是欺负人吗？为什么它们都能进去，偏偏不让我进去？”

“词义警察”理直气壮地解释道：“你看你那个样子，自高自大的，总是看不起别人，怎么能让你去见‘看’爷爷呢？”

“蔑视”说：“我改还不行吗？”

“词义警察”说：“一时半会儿改得了吗？不行！”

正说着，“瞻仰”仰着头，走了过来，也要见“看”爷爷。“词义警察”又把它给拦住了。这是为什么呀？

“词义警察”向围观的群众解释道：“‘瞻仰’虽然带有‘恭敬’的意思，但它是‘怀着一种敬仰的心情向上看’。看病人，‘向上看’，行吗？”

“不行！”大家都支持“词义警察”的做法。“瞻仰”也只好停住了脚步。

看，“俯视”来了。它的篮子里装着鸡蛋、糕点，手里还拿着一束五彩缤纷的鲜花呢！它走到“词义警察”跟前，低着头，很客气，但是照样没有得到“词义警察”的放行。

正在大家疑惑不解的时候，“词义警察”和气地对“俯视”说：“你倒是挺招人喜欢的，但是，你是‘站在高处往下看’呀！看病人，怎能‘站在高处’？所以，你也不能进去。”

就这样，“看”这一家子就有了“矛盾”：有的能看望病人，有的不能看望病人。细细想一想，它们的差别还挺大呢。为了避免使用上的麻烦，“词义警察”给“看”这一家子编了一段顺口溜：

近看“瞧”“瞅”和“过目”，远看“眺”“瞩”和“展望”；

向下“鸟瞰”和“俯视”，只有“仰视”是向上；

略略一看“瞥”和“瞟”，仔细地看是“端详”；

瞪眼憋气是“怒视”，环顾四周是“张望”；

“盯”“瞄”“凝视”很集中，“窥探”“窥视”偷偷看……

“看”字家庭多兴旺，细辨意义不一样。

“驷马难追”的意思

贺婷

豆豆想暑假里去台湾旅游。爸爸说：“你好好学习，各科期末考试都拿95分以上，一放假就带你去。”豆豆说：“一言既出，驷马难追呀！”

爸爸笑着问豆豆：“你知道‘驷马难追’是什么意思吗？”

“张飞吃豆芽——小菜一碟，太简单了！‘驷马难追’是四匹马都追不回来，比喻已成事实，不可以再改变了。这个词语是我们上学期学到的一组关于诚信的词语中的一个。”豆豆答得干脆利落。

豆豆大脑里突然跳出一个问号：“‘驷马’的‘驷’为什么要加马字旁？再说，能不能追上关键要看马跑得快不快，跟马的多少有什么关系？”

爸爸想了想，说：“还记得上次带你去西安秦始皇兵马俑看马车吗？古代的马车都是要四匹马拉着跑，所以‘驷’是四匹马来拉一辆车，又叫一乘。春秋战国时期，往往用战车的多少来衡量一个国家的强弱和大小，如‘千乘之国’‘万乘之国’。用于战争的马车要机动快捷，所以一般都造得非常灵巧、轻便，跑起来速度快。”

听爸爸这么一讲，豆豆明白了：话一说出口，不是四匹马追不

上，而是套上四匹马拉的车子都追不上。豆豆开心地说：“我还知道跟‘驷马难追’意思相近的词语有一诺千金、一言九鼎、一字千金。”

爸爸笑着答：“对，这些成语的意思都是指说出的话一定去兑现的人才是君子。战国时魏国的国君魏文侯就是一个君子。一次，他与一位叫虞人的官员约定日期，要一起打猎。那天，魏文侯正在宫中与大臣们饮酒，突然天下起了大雨。约定的时间到了，魏文侯准备前去赴约。左右侍臣说：‘今天饮酒这么高兴，天又下大雨，君王要到哪里去呢？’魏文侯说：‘我同虞人已约好去打猎，虽然在这里高兴，但怎能不守约定呢？’于是，他便冒雨前去赴约。一位侍臣赞叹道：‘冒着大雨怎么打猎呢？国君考虑的是不能失信。他要百姓信守约定，自己必须当榜样，真让人佩服！’”

豆豆听完，语气坚定地说：“正是因为魏文侯诚实守信，礼贤下士，才使魏国成为战国初最强盛的国家。我也要像他一样成为信守约定的人。”

隐形人

老师向同学们解释：“光虽然看似无色，其实是由红、黄、橙、绿、青、蓝、紫七种颜色组成的……”

成成突然举手问道：“如果我把全身涂满这七种颜色，是不是就变成隐形人了？”

爱吹牛的白鹅

钱欣葆

白鹅看见天鹅在湖边梳理羽毛，就大步走了过去。它张开翅膀在天鹅面前挥动了一下，说：“你看看，我的翅膀比你的还大一些呢！”

天鹅看了一眼白鹅，说：“你的翅膀确实很大，但是你不会在空中飞翔，翅膀只是个摆设。”

白鹅大声说：“我是一只飞行本领很高的白鹅，我比你飞得更高，比你飞得更远！”

白鹅刚说完，从芦苇丛里钻出一只狐狸，飞快地冲向天鹅和白鹅。天鹅一边飞向天空，一边大声对白鹅说：“狐狸冲过来了，快飞！”

白鹅不停地挥动翅膀，可是不管怎么用力也飞不起来。狐狸一口咬住白鹅的脖子，把它往芦苇丛里拖去。白鹅想大声呼救，可是脖子被狐狸咬着，怎么也喊不出声。就在白鹅感到绝望的时候，黑狗飞快地冲了过来，狐狸放下白鹅就逃跑了。

白鹅对黑狗说：“谢谢你救了我。”

黑狗却说：“你应该感谢天鹅。”

白鹅怒气冲冲地说："天鹅只顾自己逃命，我干吗要谢它！"

黑狗说："如果没有天鹅向我报信，我怎么会知道你被狐狸抓住了呢？"

这时，天鹅飞到白鹅面前说："你刚才不是夸耀自己的飞行本领很高吗？为什么在危急关头却不飞了呢？"

白鹅瞪了天鹅一眼，说："我的飞行本领真的很高，今天飞不起来是因为我身体不舒服。"

黑狗对白鹅说："你有翅膀不会飞翔已经很丢人了，死要面子吹牛皮就更加丢人了啊！"

听了黑狗的话，白鹅红着脸，摇摇摆摆地走开了。

成功＝艰苦的劳动＋正确的方法＋少说空话。

——【美国】爱因斯坦

书籍使我变成了一个幸福的人，使我的生活变成轻松而舒适的诗。

——【苏联】高尔基

萧伯纳和小女孩

佚名

萧伯纳是英国有名的戏剧家。

有一次在国外，他看到一个胖胖的小姑娘，长着一对闪亮的大眼睛，头上戴着大红的蝴蝶结，十分可爱。萧伯纳非常高兴，同她玩了很久。

临别的时候，萧伯纳把头一扬，风趣地对小姑娘说："别忘了回去告诉你妈妈，就说今天同你玩的是闻名世界的萧伯纳！"

"先生，您就是萧伯纳？"

"怎么，难道我不像吗？"

"可是，您怎么会说自己了不起呢？请回去也告诉您的妈妈，就说今天同您玩的是一个普普通通的小姑娘！"

萧伯纳惊呆了，他觉得刚才自己太自以为是了，一时不知说什么才好。

后来，萧伯纳逢人就说："一个人无论取得多大的成就，都不能骄傲，要永远谦虚。这就是那位小姑娘教给我的。"

鳄鱼的“眼泪”

周海秋

也不知是谁用“虚伪”这个词形容了鳄鱼。

消息一出，立即传到了鳄鱼的耳朵里。这可把鳄鱼气坏了，这不，非要在动物王国召开全体大会为自己讨回公道呢！

大会开始了，鳄鱼气鼓鼓地走上台：“我们鳄鱼虽然没有蛇先生那样光滑的皮肤，也没有长颈鹿先生那样的身高，更没有兔子小姐那样的美貌，但是我们做事向来是敢作敢当，凭什么说我们虚伪？”

鳄鱼的话立即引来台下一阵哄笑。

“为什么你明明伤害了小动物，却还要流下眼泪？”

“你是在装可怜吗？”

“我猜你一定是在乞求大家的原谅，对吗？”

面对这一连串的质问，鳄鱼真是有口难辩，大滴大滴的液体从他的眼角流下来。

“大家快看啊，鳄鱼又在流泪装可怜啦！”

唉，这下鳄鱼就是长八张嘴也说不清啦。

这时，乌龟博士走上了台，解释说：“大家都误会了。其实，鳄鱼流泪只是在排出体内多余的盐分。鳄鱼家族天生肾脏发育不全，只能靠身体里的盐腺来排盐，而盐腺的开口就在眼睛附近，所以在大家看来，就好像他们在流泪一样。”

大家还是晃着脑袋不相信，纷纷上台去验证，结果都是皱着眉头下了台。

从此以后，动物王国里再也没人说鳄鱼虚伪了。鳄鱼呢？他正在家里反思自己不受欢迎的原因呢。

看牙痛

一个小姑娘到牙科医生那里去拔牙。

病牙刚拔出来，她就说：“请问，我可以要这颗牙吗？”

医生说：“当然可以。不过，你要它干什么呢？”

小姑娘叹了口气说：“它连累我痛了一个星期了，现在我要把它摆在家里，看着它自己受痛。”

✵【玩转语文】✵

名人躲在成语里

佚名

汉语里有许多成语来源于历史故事，这些故事中有许多人物登场，但只有一个是故事的主角。你能说出下列成语中的主角吗？请把这些人物的名字填在相应成语后的括号里。

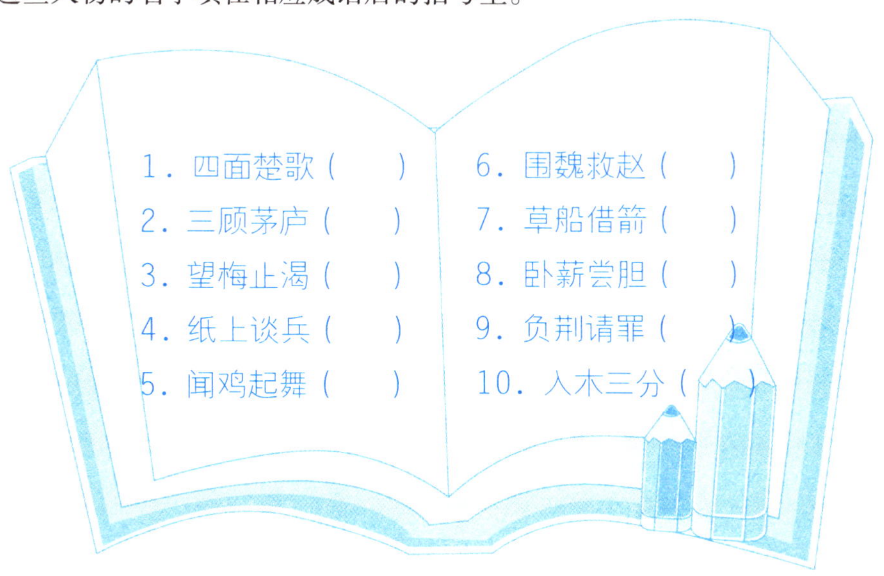

1. 四面楚歌（　　）
2. 三顾茅庐（　　）
3. 望梅止渴（　　）
4. 纸上谈兵（　　）
5. 闻鸡起舞（　　）
6. 围魏救赵（　　）
7. 草船借箭（　　）
8. 卧薪尝胆（　　）
9. 负荆请罪（　　）
10. 入木三分（　　）

【参考答案】

1. 项羽 2. 刘备 3. 曹操 4. 赵括 5. 祖逖 6. 韩信 7. 诸葛亮 8. 勾践 9. 廉颇 10. 王羲之

请你猜一猜

佚名

（一）

树大如伞叶层层，
一生可活几千年，
人人爱它做橱箱，
香气扑鼻质量坚。

（二）

皮肉粗糙手拿针，
悬岩绝壁扎下根，
一年四季永长青，
昂首挺立伴风云。

（三）

天南地北都能住，
春风给我把辫梳，
溪畔湖旁搭凉棚，
能撒雪花当空舞。

【参考答案】

（一）樟树
（二）松树
（三）柳树

雨珠·露珠·泪珠

【伊朗】尤素福·埃泰萨米

东方破晓，晨光熹微。黎明女神飘然下凡，从娇艳欲滴的红玫瑰旁走过，看见花瓣上有三滴晶莹的水珠在向她招手，请她留步。

“熠熠闪光的水珠，你们有何贵干？”女神驻足问道。

“有劳大驾，请你为我们当裁判。”

“哦，什么事啊？”

“我们同属于水珠，可是来源出身各异。请问哪颗水珠更珍贵呢？”

女神指着其中的一颗水珠说：“那你就先来自我介绍一下吧。”

雨珠听到要她先说，十分得意地晃了晃身子：“我呀，来自高空的云层，是大海的女儿，象征着波涛汹涌的海洋。”

“我是黎明之前凝成的露珠。”另一颗水珠迫不及待地抢着说，“人们称赞我是五彩朝霞的伴娘、奇花异草的美容师。”

第三颗水珠迟迟不肯开口，黎明女神和颜悦色地问道：“那么你呢，我亲爱的小姑娘？”

“我算不得什么。”她忸怩地回答，“我来自一位姑娘的明眸。起初像是微笑，而后又称友情，现在被叫作眼泪。”

头两颗水珠听她这么说，不约而同地撇撇嘴，露出轻蔑的笑容。

黎明女神小心翼翼地将泪珠置于手中，连声称赞道：“还是你有自知之明，不炫耀，显然比她俩更纯洁，也更珍贵！”

“可我是大海的女儿呀！”雨珠急得叫起来。

“我是辽阔苍穹的女儿！”露珠很不服气。

“是的，一点不错。”黎明女神郑重地说，“而她呢，是人类内心纯真情感升华后凝结成的夺眶而出的泪珠。”

言罢，女神吮吸了泪珠，顿时消失得无影无踪。

【练习提升】

写出下列词语的反义词。

【参考答案】

尊重　谦逊　自不量力

丁丁的阅读笔记

老师说，吹牛、自大，是不会有好结果的，相反，谦虚却能使人进步。在《爱吹牛的白鹅》里，原本不会飞翔的白鹅，自吹自擂说自己比天鹅飞得都高，结果险些葬送在狐狸的口中。吹牛的下场可真糟糕，以后我可不能再吹牛了。

另外，这一周我还学到了一个科普小知识：原来，鳄鱼家族天生肾脏发育不全，只能靠身体里的盐腺来排盐，而盐腺的开口就在眼睛附近，所以在人们看来，就好像他们在流泪一样。哇，自然界真是一本神奇的大百科全书啊！

第7章

★确定目标★
你想要一座什么样的房子

爸爸说，一只船如果失去了航行的方向，最终会被大海吞进肚子里。我们可千万别迷失了方向啊！

秋后算账

看！我自己缝制的小熊。
哇，好可爱啊！归我了，归我了！
不行啊，这个不能送给你的。
小气鬼，小气鬼！
那是我用旧袜子缝的！
等我吐完再跟你秋后算账！

知错就改的“错别字大王”

贺婷

一眨眼的工夫，八戒来少林学堂已经快一年了，还真学到了不少知识。可是，最近八戒总是闷闷不乐的，原来，几个师弟只要见到他，就喊他“错别字大王”。也难怪师弟们这样叫他，前天是“在”和“再”不分，昨天是“坐”和“座”不分，今天又把“有志者事竟成”写成了“有志者事竞成”。

吃完晚饭，师父招呼徒弟们到院子里练功。八戒刚来到院子里，几个师弟就把他团团围住了。

“错别字大王！”师弟们异口同声地喊。

八戒嗔怪道：“你们不要老喊我‘错别字大王’好不好？以后我改还不行吗？”

悟空突然出现在八戒面前，笑嘻嘻地说：“口说无凭，你写个保证书我们就信你。”

“写就写，俺老猪怕谁呀！”八戒说完，从身上掏出一张纸写了起来。

悟空接过保证书，忍不住笑了，只见上面写着：“我保证克苦学习，刻服总写错别字的毛病……”

几个师弟看了，也都笑得捂着肚子，直不起腰。

悟空认真地说：“为什么总是写错别字？就是写字时不认真比较字的音、形、义，才出现了张冠李戴。‘刻苦’是勤奋努力，不怕吃苦的意思，而‘克’是攻克、解决的意思，‘克服总写错别字的毛病’应该用‘克’字。”

八戒红着脸说：“我把它们改过来总行了吧？”

“不光是这两个字，以后写任何字都要认真！”几个师弟大声说。

八戒响亮地回答：“知道了！”

开满鲜花的头

【意大利】罗大里

如果头上不长头发，
种满鲜花该是怎样的景象？
一眼就可以看出，
谁心地善良，
谁心情悲伤。

前额长着一束玫瑰花的人，
不会做坏事。
头上长着沉默的紫罗兰的人，
有点儿黑色幽默。

顶着一头零乱的大荨麻的人呢？
一定思维混乱，
每天早晨徒劳地
浪费一瓶或两瓶头油。

桃李不言，下自成蹊

佚名

在西汉时期，有一位勇猛善战的将军，名叫李广。他一生跟匈奴打过七十多次仗，战功卓著，深受官兵和百姓的爱戴。李广虽然身居高位，统领千军万马，但一点也不居功自傲。他不仅待人和气，还能和士兵同甘共苦。每次朝廷给他赏赐时，他首先想到的便是自己的部下，然后把赏赐统统分给官兵们；行军打仗时，遇到粮食或水供应不上的情况，他就同士兵们一起忍饥挨饿；打起仗来，他身先士卒，英勇顽强。只要他一声令下，士兵们便个个奋勇杀敌，不怕牺牲。可以说，李广是一位令人敬仰的大将军！

后来，当李广将军去世的噩耗传到军营时，全军将士无不痛哭流涕，就连许多与李广平时并不熟悉的百姓也纷纷悼念他。在人们心目中，李广将军就是他们崇拜的大英雄。

汉朝伟大的史学家司马迁在为李广立传时称赞他道：“桃李不言，下自成蹊。”（语出《史记·李将军列传》）意思是说，桃树、李树不会说话，但它们的花和果实会把人吸引过去，以至于树下踩出小路来。比喻为人真挚，自会有强烈的感召力，让人尊敬。文中的李广将军就是以他的真诚和高尚的品德赢得了人们的崇敬。

包围童话镇的“军队”

李维明

早晨，米娜娜被一阵阵喧嚣声吵醒了。她是到童话镇西西家来作客的。西西的爷爷是童话镇的镇长。

“发生什么事了？”米娜娜一边穿衣服一边问。

西西惊慌地说：“不好了，有军队包围了童话镇！”

他们来到童话镇的城墙上，大人们都严阵以待，早已守候在那里了。

米娜娜往墙下看，只见下面是许多许多的字组成的军队，浩浩荡荡。

西西的爷爷——镇长，威风凛凛地拿了一根长矛，大喝一声：“你们是哪里来的盗贼，胆敢进犯我堂堂童话镇？”

下面走出“首”与“领”两个字，拼成一个人，大声说：“我现在是首领，镇长你此言差矣。我们是好多好多的字，不是盗贼，我们就是想到你童话镇找个地方住下来。”

“岂有此理，这里不欢迎你们！如果硬要进来，那就别怪本镇长矛下无情了！”镇长一抖手中长矛，摆出要刺人的架势。

首领下命令：“云梯过来，兵勇们强攻！”

这时，一个“云”和一个“梯”组成了云梯架在了城墙上面。许多兵勇顺着梯子向城墙上爬。童话镇的人奋力把梯子推翻了，那些兵勇也就跌了下去。

首领大怒，说："大炮准备！"

"炮"字摇身一晃，一尊大炮就蹲坐在地上。一枚炮弹急速钻进了炮膛，准备轰破城墙，制造突破口，然后兵勇们蜂拥而入。

这时，米娜娜大喊一声："不准开炮，有什么事，我们可以谈判。"

首领说："谈判？那也行。我同意。"

镇长问："谁和我一起去？"

大家都有些害怕，谁也不说话。

米娜娜勇敢地说："我和你一起去！"

看守们将城门打开了一道缝，镇长和米娜娜先后挤了出去。首领迎了过来，分别与镇长和米娜娜握了手。

"在哪里谈判？"米娜娜看了看四周问。

首领说："房子呢，快过来，别磨蹭了，好不好？"

"房"走了过来，首领说："还有'大'字也过来，单是一个'房'太小了。"

"是，我来也！""大"字慌慌张张跑过来，并和"房"变成了一个大得不得了的房子。当然，里面很快就又有了桌子和椅子。

谈判进行得很顺利。按照米娜娜的提议，镇长同意立刻定做十本空白的厚本子，专门供这些字们居住。

首领听了，高兴地说："那就太好了，谢谢你们！"

镇长很快让人拿来十个大白本子。首领发出口令："排好队，按顺序走到本子里去，一定要讲秩序，遵守纪律。"

这些字们排好队，先后走进这十个大厚本子里去了。最后，就剩下首领一个人，他向镇长和米娜娜说了声"谢谢"，身形一晃，就变成了"首"和"领"两个字，也走进了本子里。

这十个大本子成了十本童话书。

米娜娜成了童话镇的小英雄，镇长还专门开会，研究给予米娜娜奖励的事。

米娜娜赶到会场，说："如果你们一定要奖励我，就把这十本童话书借给我看吧。我保证按时把书还回来，而且一点儿也不会损坏。"

镇长说："那还不是一句话的事嘛。"

于是，米娜娜就把这十本童话书借回家看了。现在，她已经看到第六本了，据说都是好玩得不得了的童话。

我不只是在为孩子讲故事，或只是为孩子拍电影，我希望能够唤起世人一种"孩子气的天真"。这是一种可贵的特质，原来就存在于每个人的心中；只是，许多人常在不经意间，就轻率地失去了它。

——【美国】华特·伊利亚斯·迪士尼

你想要一座什么样的房子

羽清雪

当查尔斯还是个小孩子的时候，他跟随父亲去旅行，正巧路过肯德郡的格德山庄，那里高大、宽阔，墙上爬满枝叶，绿意盎然，几乎像仙境一般。小查尔斯仰起头，用羡慕的眼光仔细打量着这个诱人的府邸，在小孩子的心里，这无异于一个理想的宝殿。

父亲仿佛看透了小查尔斯的心思，用宽厚的手掌抚摸着他的头，然后和蔼地告诉他，只要你努力、坚持不懈，总有一天，你会走进这个房子，拥有它。

父亲的话不经意间刻在了小查尔斯的心里。查尔斯后来遇到了很多困难，在工厂里做童工，父亲负债入狱，一家人颠沛流离。不管什么时候，他都记着父亲的话和那座绿色的格德山庄。因为，格德山庄是他的一个梦。

后来的后来，查尔斯写了书，成了名，终于成了享誉世界的作家查尔斯·狄更斯。在36岁那年，他买下了格德山庄，然后在那里终老一生，一直住到辞世。

（摘自《小星星》，2011年第4期）

【赏析】

不管你想要什么样的房子，只要认定目标，坚持不放弃，总有拥有它的一天。问题只在于，你想要的是一座什么样的房子。不管怎么样，每个人心里都应该有一座自己想要的“房子”，那便是理想。有了理想，人生便有了方向，心灵也就有了“容身”的地方。

八戒莫慌

一天下午，老师正在讲课，外面忽然乌云密布，狂风大作，天色暗了下来，一股狂风把门刮开了。

只听教室一个角落悠悠地传出一句：“猴哥，快保护师父，有妖怪！”

老师果断回了一句：“八戒莫慌！”

草原上的“黑白迷彩”

滕毓旭

在非洲大草原上，生活着一群斑马。他们都穿着黑白条纹的迷彩服，十分漂亮！

一天，一群野马从草原上奔腾而过，他们都穿着棕红色的衣服，在阳光的照射下就像燃烧的火焰一样，美极了！

“要是我能穿上那身漂亮的红衣服该多好啊，在草原上一定很醒目！”可爱的小斑马吉米好羡慕啊。

于是，吉米跑去找野马大叔，央求他借给自己一件红衣服。吉米软磨硬泡，野马大叔终于败下阵来，借给了他一件。

吉米穿上漂亮的红衣服，兴奋地在草原上奔跑起来。

就在这时，一只狮子冲了过来，草原上立刻乱作一团。斑马们迅速散开，钻进草丛躲起来。吉米也躲到了一片灌木丛里，以为狮子不会发现他。谁知狮子竟朝他直扑过来，吉米吓呆了……

就在这危急时刻，愤怒的斑马妈妈和斑马叔叔们朝狮子冲了过来，大象也挥舞着长鼻子来帮忙。

狮子终于被赶跑了。

吉米得救了，他哭着向妈妈跑去。

斑马妈妈安慰他说：“宝贝，你知道狮子为什么会发现你吗？”

吉米含着泪摇了摇头。

“那是因为你换上了红色的衣服呀！”斑马妈妈说，“我们身上的黑白条纹是一种保护色，在阳光和月光的照射下，反射出的光线是不一样的，起着模糊和分散身体轮廓的作用，能够保护我们不被敌人发现。而你穿的这身红衣服太显眼了，狮子很容易就发现了你。”

吉米后悔极了，赶紧把红衣服脱下来还给了野马大叔。

多少

【美国】希尔弗斯坦

破旧的纱门能发出多少次声响？
得看你怎样使劲儿关它。
一块面包能分出多少片？
得看你怎样用心切它。
一天里能有多少欢欣和快乐？
得看你怎样去过。
朋友之间能有多少情谊？
得看你怎样无私地付给。

描写清晨的精彩句子

佚名

✽ 黎明，像一把利剑，劈开了黑色的夜幕，迎来了初升的阳光。

✽ 天已经亮了，透过小窗流进来清泉一般的晨光。枝头上，小鸟儿在叽叽喳喳地叫个不停。

✽ 黎明的曙光揭去夜幕的轻纱，吐出灿烂的晨光，迎来了新的一天。

✽ 旭日披着烈烈的“酒气”上升，将无限的醉意朝辽阔的天空酣畅地播散开……

✽ 清晨，万籁俱寂，天蒙蒙亮，黑夜正欲隐去，破晓的晨光慢慢唤醒沉睡的生灵。

✽ 当第一缕晨光射穿薄雾，小街便迎来了一个温馨的晨。此时，小街的一切都笼罩在柔和的晨光中，道旁的柳树低垂着头，柔顺地接受着晨光的轻抚；挺拔的杨树像健壮的青年，舒展着手臂；草丛从湿润中透出几分幽幽的绿意。多么美好的夏日清晨啊！

【小试牛刀】

一篮子会变的红萝卜

鹭岛

小朋友，下面是一篇十分有趣的童话，请你把花瓣兔的话补充完整吧。

昨晚，花瓣兔做了个美梦：一出门就捡到一篮子红萝卜。所以呀，这一天，他都乐呵呵的。这不，走在放学路上的他正高兴地仰着脸唱歌呢！

“萝卜，萝卜，我爱你……”

突然，他感觉被什么东西绊了一下，低头一看，那绊他的不是别的，正是一篮子红萝卜。“________①________！”他兴奋地叫着，看看周围没人，忙把书包盖在了上面，然后挎起篮子直奔家而去。

正走着，碰见了维尼熊。看到那沉甸甸的篮子，维尼熊好奇地问：“________②________？”

花瓣兔心想：我可不能告诉他。他那大嘴，咔嚓几下，我这萝卜就没有了。他知道维尼熊最不喜欢看童话，于是眼珠一转说：“________③________。”

“那你怎么不放书包里呢？”

“书包里装不下了。”

维尼熊信以为真地走开了。

花瓣兔继续往前走。这时，刚出门的胖胖猪看见了，也好奇地问：“________④________？”

花瓣兔想：________⑤________。他知道胖胖猪最不喜欢吃橘子，就头也不抬地说：“________⑥________。”

胖胖猪也信以为真地点点头。

终于回到家了。“________⑦________！”花瓣兔说着就迫不及待把书包拿开。可就在拿开书包的刹那，他傻眼了：那一篮子红萝卜全变成土块了！

小朋友，你知道那红萝卜是什么时候开始变的吗？

【参考答案】

①呀，美味的红萝卜！哈哈，发财啦

②花瓣兔，你这篮子里装的是什么呀

③没什么，里面是我新买的几本童话书

④花瓣兔，你的篮子里藏着什么宝贝呀

⑤对这贪吃的胖胖猪就更不能说了，这些萝卜肯定填不饱他那大肚子

⑥没什么，里面是我刚买的橘子

⑦这下，该我独自享受这美味的红萝卜啦

丁丁的阅读笔记

如果有人问我想要一座什么样的房子，我会说，我想要一座会飞的城堡。

它能把我带到亚马孙平原、马达加斯加、埃菲尔铁塔，以及世界的每一个角落。城堡里除了我之外，还有来自外星球的小王子、来自巧克力王国的大厨师，还有一群可爱的青鸟。每天早上，青鸟会唱起最动听的歌曲叫我们起床。每天中午，巧克力师傅会给我们做最美味的巧克力蛋糕。每天晚上，小王子会在星空下给我讲他的故事。

直到有一天，我们都疲倦了，我们会回来，回到我温馨的小床上，写下我们的游记。

第8章

★独立思考★

小刺猬找食物

老师说，遇到困难时不要慌张，开动脑筋想办法，学会用自己的智慧去战胜“敌人”。我知道，我一定行的！

杀鸡取卵

谁能说一个跟“缘木求鱼”意义相近的成语。
……
杀鸡取卵
不对，缘木求鱼是比喻方向、方法不对，一定达不到目的。
对啊，我杀的是公鸡！

“身”字的烦恼

佚名

汽车在柏油马路上疾驰……

坐在汽车里，“身”字望着窗外的树木、房屋，一颗心早已飞向了久别的故乡。他想起了村后的山、村前的河，还有儿时的小伙伴“区”“寸”“朵”……

“吱——”忽然，汽车一个急刹，停了下来。“身”字回过神来，向窗外望去，啊，到村头了！昔日的好友“区”“寸”“朵”等正站在路旁向车上张望呢。

“大家好！”看到这么多朋友来迎接自己，“身”字特别高兴。他微笑着从车上一个箭步蹦了下来，一把抱住了“寸”字。

“哎呀呀——”谁曾想，“寸”字尖叫一声，一把推开了他，而后倒退两步，睁大了疑惑的眼睛。

“身”字不以为意，上前一步，又拉起了“朵”字的手。“哎呀，好痛啊！”跟“寸”字一样，“朵”字也甩开了他。“身”字又向“区”字走去，还没有走到近前，“区”字已远远地跑开了。

看到一个个好朋友远离了自己，“身”字的心凉透了。他皱起眉头想了想，又苦笑着摇了摇头。

“身”字没精打采地回到家，把自己的烦恼说给了妈妈。妈妈听后，笑了笑说：“傻孩子，问题出在你身上啊！”

“什么？”听妈妈这么说，“身”字睁大了眼睛。

妈妈指着他身上的长撇，说：“当你独自出现时，这一撇要左右出头，而当你与好朋友结伴，组成另一个字时，这一撇的右边要收回来。刚才，你没有往回收，把他们扎痛了，你说，他们能不逃跑吗？”

原来如此！听妈妈说完，“身”字把自己中间的一撇紧紧地收了回来，尔后又跑了出去。这时，“寸”“朵”“区”等好朋友也跑来了，他们紧紧地握住了“身”字的手，组成了“射”“躲”“躯”。好朋友们说说笑笑，向村前走去。

血得了零分

朵朵和妈妈去医院拿化验报告，朵朵指着血型化验那一项问妈妈：“妈妈，医生给我的血打的是零分呢！”

妈妈接过单子一看，上面写着：血型O。

名落孙山

佚名

宋朝时，有个叫孙山的人。有一次，他和一位同乡一起去京城参加举人考试。

放榜的时候，孙山发现自己虽然考取了举人，却是倒数第一。他瞪大了眼睛在榜上搜寻同乡的名字却没有找到，十分遗憾。

后来，孙山先回到家乡，那位同乡的父亲便急忙赶来询问自己的儿子有没有考中。

孙山不好意思直接告诉他实情，便念出两句诗来："解名尽处是孙山，贤郎更在孙山外。"

意思是说：举人榜上的最后一名是我，而您儿子的名字排在我的后面，也就间接地说其没有考上举人。

从此，人们便把应考不中或者选拔时落选，称作"名落孙山"。

小刺猬找食物

佚名

小刺猬一家三口住在小树林里，生活得非常幸福。

有一天，小刺猬的爸爸妈妈生病了，而家里储存的食物也刚好吃光了，因此小刺猬决定自己出去找食物。

小刺猬走出家门，来到了一片树林里。他看见树根旁边长着几个色彩鲜艳的大蘑菇，像一把把撑开的小花伞。他想：这么大的蘑菇用来炖汤一定很有营养。想到这儿，小刺猬跑了过去，抱着一个大蘑菇使劲一推。只听咔嚓一声，大蘑菇被推倒了。小刺猬高高兴兴地抱着这个大蘑菇回家了。一进家门，他就大声嚷道："妈妈，您看，我找回来一个大蘑菇！"妈妈看了看，急忙说道："孩子啊，这是毒蘑菇，不能吃的。"爸爸说："你要找树上结的红色果实……"

小刺猬又跑出了家门，来到了一个菜园。他看见绿绿的植物上挂着一串串长长的、红红的东西，像燃烧的一团火。小刺猬心想：这就是爸爸让我找的食物吧。小刺猬摘下几个红红的果实，扛着回家了。一进家门，小刺猬就嚷嚷："爸爸，您要的红色的食物我找回来了。"妈妈一看，笑着说："孩子，这是辣椒，我们不能吃的。"爸爸说："孩子，要到果树上找那些成熟的果实，能不能吃，自己尝一尝就知道了。”

于是，小刺猬又走出了家门，来到一片果园。他看见果树上结满了又大又红的果实，好像挂了一树的红灯笼。小刺猬心想：这应该就是我要找的食物吧。他跑到一棵果树下，“噌噌噌”，爬上树，摘下一个来，闻了闻，好香；咬一口，好甜！于是，小刺猬抱着一根果枝，使劲儿摇晃着，扑通、扑通，又大又红的果实落了一地。小刺猬心想：这么多果实我怎么拿回家啊？他想啊想，终于想到了一个好办法，他在地上打了几个滚儿，红红的果实便扎了满身。于是，小刺猬高高兴兴地背着果实回家了。爸爸妈妈见了，高兴地说：“这才是我们最爱吃的苹果呢。”小刺猬听了，开心地笑了。

小刺猬一家人吃着香甜可口的苹果，开心极了！

不知道并不可怕和有害。任何人都不可能什么都知道，可怕的和有害的是不知道而伪装知道。

——【俄国】托尔斯泰

倾己所有追求知识，没有人能夺走它；向知识投资，收益最佳。

——【美国】富兰克林

“颜体”与张旭

夏鹏

张旭是唐代著名的书法家，很多人都想拜他为师。一个叫颜真卿的人，辞去官职，拜在张旭的门下，希望能得到张旭书法的真传。

但张旭只是给颜真卿一些名家字帖让他临摹。几个月过去了，颜真卿得不到老师的书法秘籍，心里很着急。

一天，颜真卿鼓起勇气请求老师传授书法秘诀。

张旭语重心长地说：“学习书法，一要‘工学’，即勤学苦练；二要‘领悟’，即从自然万象中受到启发。学习书法如果有什么‘秘诀’的话，那就是勤学苦练。不下苦功的人，是不会有任何成就的。”

老师的教诲使颜真卿茅塞顿开。从此，颜真卿潜心钻研，在楷书和草书方面都形成了自己的独特风格。人们把他的字叫作“颜体”。

颜真卿不忘师恩，写了一篇《述张长史笔法十二意》，记载他跟张旭学书法的经过，表达对老师深切的感激之情。

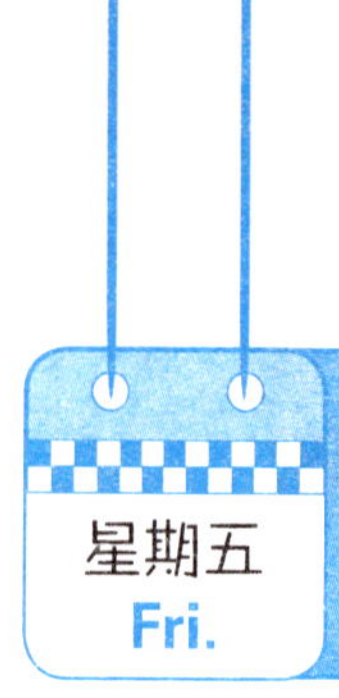

✻【知识加油站】✻

百鸟园超市开张了

董恒波

百鸟园超市开张了，经营这家超市的是黄狗大嫂。

黄狗大嫂很有商业头脑，对鸟儿的各种喜好都有很深的研究。比如，鸟儿喜欢美，当然喜欢照镜子啦，超市里的小镜子都卖得很好；鸟儿喜欢梳理羽毛，小木梳也很畅销；鸟儿喜欢唱歌，十分注意保护嗓子，所以黄狗大嫂的超市里进了不少“金嗓子喉宝”，很受鸟儿们欢迎。

可是，超市开了好几个月，牙刷一个也没有卖出去。

这是怎么回事呢？是牙刷的质量不好，还是价钱太高了？

黄狗大嫂到鸟儿的家里去调查。呀，一调查，真是让黄狗大嫂吓了一大跳。原来，世界上所有的鸟儿都是没有牙齿的。

“没有牙怎么吃东西呢？”黄狗大嫂十分疑惑。

能说会道的八哥说：“我们鸟类天生没有牙齿。在我们的食道下部，有一个‘储粮袋’，叫嗉囊，可以储存吃下的食物。我们的胃里还有一个砂囊，里面存放的是沙粒和小石子，它们可以把食物磨碎，帮助我们消化。这样就用不着牙齿啦！”

黄狗大嫂一听就明白了，赶紧吩咐超市的理货员：“把百鸟园超市里的牙刷统统退货！”

颜色藏在成语里

佚名

请在下面的括号里填上适当的颜色词，使每个成语完整无误。

【参考答案】

1.银 2.绿 3.黄 4.青 5.紫 6.红赤 7.紫红
8.青绿 9.青黄

❋【小试牛刀】❋

海上的风

佚名

海上的风是花神，
他一来，
就溅起万朵浪花……

海上的风是琴师，
他一来，
就奏出万种乐曲……

海上的风是大力士，
他一来，
送走万片云帆……

海上的风是狮子，
他一吼，
就掀起滔天波浪……

【练习提升】

1. 请根据你对诗歌的理解，连一连。

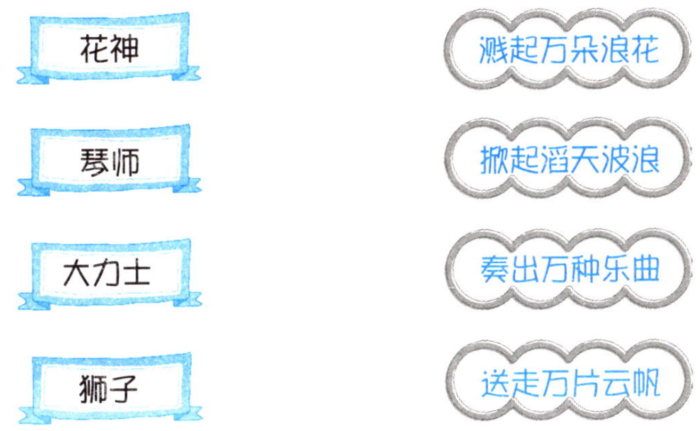

2. 诗歌中，作者把海上的风比作______、______、______、______。

3. 判断下列说法，正确的打“√”，错误的打“×”。

（1）“海上的风是狮子，它一吼，就掀起滔天波浪……”句中把海上的风比作凶猛的狮子，说明作者厌恶大海，讨厌海上的狂风。（　　）

（2）这首诗歌描写了不同的海风使大海发生的不同变化，可以从中看出海的动态之美，表达了作者对大海的喜爱之情。（　　）

4. 你认为海上的风是什么？请你模仿《海上的风》，自己也写一段。

【参考答案】

1. 略　2. 花神　琴师　大力士　狮子　3.（1）×（2）√　4. 略

丁丁的阅读笔记

在《小刺猬找食物》里，因为爸爸妈妈生病，而家里储存的食物也刚好吃光了，小刺猬不得不外出找食物。它先是找回来一个大蘑菇，可爸爸妈妈不吃蘑菇，要它找树上结的红色果实。结果，小刺猬却找回来一串辣椒。知道不对之后，小刺猬继续寻找，最终找到了香甜可口的苹果。

虽然小刺猬遇到了困难，但它不气馁，最后找到了解决的办法。真为它感到高兴呀！

如果遇到了困难，我也要向小刺猬学习，不怕失败，多多尝试。

本书编选过程中，得到不少作者的支持和帮助。在此表示诚挚的谢意！但个别作者联系方式不详，虽经多方努力，未能取得联系，而这些作者的作品我们又不愿意割舍。因此，相关作者见书后请与作文指导报社联系。